斎藤一人

今は
ひとりでも、
絶対
だいじょうぶ

斎藤一人 著

PHP

はじめに

日本ではいま、生涯未婚率《しょうがい》や離婚件数《りこん》が増加していることが問題視されています。少子高齢化《こうれいか》で日本は大変なことになるんじゃないか、孤独死する高齢者が増えて困ったことにならないだろうかって、多くの人が心配しているの。

そんな流れで、一人さんのところにも、この頃よく「こういう状況をどう見ていますか？」っていう質問が届いていて。

いい機会だから、今回は**「ひとりでも楽しく生きられるよ」ってことをお伝えしたくて、この本を書かせてもらうことにしました。**

まず結論から言うとね、一人さんは、独身の人が増えようが、少子高齢化が進もうが、心配どころかなんとも思っていません。

と言うと突き放したみたく感じるかもしれないけど、そうじゃないんです。

私はね、いまここにどんな現象《げんしょう》が起きても、世の中はそのことで絶対うまくいくと思っているだけなの。

未来は、どこまでいっても明るい。

そう信じて疑わないから、みんなが深刻《しんこく》になっちゃうことでも、いちいち心を乱されないだけなんです。

この世界に期待感と安心感しかない一人さんの辞書には、「大変だ」「困った」なんて言葉はない。

とはいえ、いまこの瞬間《しゅんかん》にも、ひとりでいることをつらく感じている人もいるよね。

だからこの本では、そういう人たちに、

「孤独の壁を破る方法」

「心が孤立しない生き方」

みたいなことをお伝えしながら、誰もが幸せになれる道を示したいと思います。

一人さんの提案を楽しく取り入れてもらったら、孤独でつらいなんてことは、この先の人生でもう起きることはない。

愛で満タンの、最高の人生を約束するよ。

【お知らせ】

私は自分を大切にしているので、自分のことを「一人さん」と、さん付けで呼んでいます。

また、本書には「神様」という言葉が繰り返し出てきますが、これは天地を創造《そうぞう》したエネルギー（お天道様《てんとうさま》のような存在）を指すものであり、特定の宗教とはいっさい関係ありません。

斎藤一人

今はひとりでも、絶対だいじょうぶ

もくじ

はじめに 001

第1章 孤独の壁を撃破《げきは》する笑顔と明るい言葉

第2章 現実を決められるのは自分の思いだけ

第3章 愛の波動で心を満タンにするんだよ

第4章 一人さん流、ふとどき不埒《ふらち》に生きる道

第5章 たった1つがわかれば全部うまくいく

装丁　一瀬錠二(Art of NOISE)

第1章

孤独の壁を撃破《げきは》する笑顔と明るい言葉

「我《が》」を笑顔と明るい言葉に変えたら心が開く

一人さんってね、小さい頃からいつも人に囲まれていたんです。それも周りにいるのは愛のあるやさしい人ばかりだったから、孤独を味わったことがないの。

私がひとりっきりになるのは、おおよそトイレに行ったときぐらいなもので（笑）。耐えがたい孤独感とか、埋《う》めようのない寂《さび》しさがどんなものか、そういう感覚がまったくわからない。想像もつかないんです。

だから、孤独とうまく付き合う方法みたいなのはお伝えできないけど、その代わり、孤独にならない生き方なら、誰よりも知っています。

私自身が寂しさとは無縁《むえん》の世界に生きてきたから、それを**みんなにも真似《まね》してもらえば、絶対に孤独から抜け出せる**と思います。

もちろん、一人さん流だからね。**どれも簡単で、誰にでもできることばかり**なので、先入観なしに楽な気持ちで読み進めてもらえたらうれしいです。

では早速《さっそく》だけど、まずは、孤独の正体《しょうたい》について私の見解を言いますね。

みんなが孤独をどういうものだと思っているかわからないけど、一人さん的には、孤独とは「人に好かれてない」ことを意味するんです。

周りに人がいようがいまいが、心が孤立していて、なにをしても満たされない。いつも枯渇《こかつ》していて寂しいのが、孤独なの。

で、なにがそういう状況を生むのかって言うと、もう絶対、人に煙《けむ》たがられているのが原因なんです。

なかには、「私は友達がたくさんいるし、みんな私を好いてくれます。なのに孤独です」って言う人がいるかもしれないね。

その理由はズバリ、周りにいるのがへんてこりんな人ばかりなんです（笑）。自分勝手で思いやりのない、意地悪なやつとかさ。

そんなのばかりに囲まれたって、心が満たされるはずがない。

孤独を抜け出そうと思ったら、「いい人」に好かれなきゃいけないの。わかるかい？

じゃあ、**どうすればいい人に囲まれるか**って言うとね。

笑顔

明るい言葉

これしかない。つまり、愛を出すことです。

孤独な人に足りないのは、笑顔と、明るい言葉なの。それをやりはじめたら、おのずと孤独から脱却《だっきゃく》できるんだよ。

「我《が》」ってあるでしょ？　簡単に言うと、わがままとか、ひとりよがりで相手の気持ちが考えられないことを言うんだけど。

それを笑顔と明るい言葉に変えたら、人の心は絶対に開くようになっているんです。

我を捨てて、代わりに愛を出せば、目の前の相手はどうやったってあなたのことを好きになります。

だからあったかい関係性ができるし、お互いに心が通い合う。

そんな相手がひとりでもいれば、心は満たされ、孤独感に襲《おそ》われることもないよ。

人はひとりぼっちになれないんだ

そもそも人は、ひとりになることができません。人が嫌いな人間はいないの。

私たちは人と関《かか》わるなかで愛を感じるし、その愛が幸福感となる。これが人間の本質だからです。

たまに「誰とも関わりたくない」「人に好かれなくていい」みたいなことを言う人がいるけど、それは本心じゃないと思います。

きっと周りに嫌な人しかいなくて、そんな相手と無理して付き合うぐらいなら、ひとりでいる方がよっぽどましだと諦《あきら》めたんだろうね。あるいは、自分自身に愛がなさすぎて、愛のある人と自分の違いに戸惑《とまど》い、強がりで「ひとりの方がいい」と言っているのかもしれないけど。

いずれにしても、愛のあるあったかい人がそばに来てくれたら、「こういう人なら一緒にいたい」「この人と喜びを分かち合いたい」と思うのが人間なの。

なぜ、人は人が好きなのか。それは、私たちの命が、宇宙を創造《そうぞう》した神様からもらったものだからです。

神様は、愛と光そのものです。その神様から授《さず》かった命を持つ私たちは、誰もがみんな愛の塊《かたまり》なの。魂《たましい》はいつも愛を求めています。

だから、みんな愛のある人が好きなの。愛のある人が周りに来てくれたら、人と関わることが楽しくてしょうがないし、毎日幸せでいっぱいになります。

世間ではよく「孤独を受け入れなさい」みたいなことが言われるけど、孤独なんて受け入れるもなにもないんだよ。孤独でいること自体、おかしいの。


でね、こういう話をすると、未婚の人や離婚の件数が増えたのは、人間の間で愛が薄れてきたからじゃないかって心配する人も出てくるんだけど、それはまったく違います。


こういう現象は、個人が自由に生きられるようになったことの象徴《しょうちょう》なの。

かつては、「結婚してこそ一人前」「嫁《とつ》いだら二度と実家の敷居《しきい》はまたがせない」「離婚は一族の恥」みたいなトンデモ常識がありました。だけど、いまはそんなことない。

昔に比べたら、独身でいることや、離婚に対するハードルも、ずいぶん低くなっているでしょ？　世界はどんどん自由になっている。

独身でいたい人も、結婚してパートナーを得たい人も、離婚してひとりに戻りたい人も、それぞれの自由です。**誰でも、好きな道を選択《せんたく》していい。**

愛とは、自由なんだよ。

それがわかれば、未婚の人や離婚の件数が増えたのは悪い現象どころか、むしろ愛が大きくなったのだと理解できるよね。最高に喜ばしいことなんだ。

寂《さび》しいのには間違いなく理由がある

自分に自由をゆるせる人は、結婚しようがしまいが、自分らしく幸せになります。

21世紀にもなって、いまだに「離婚したら苦労するぞ」って脅《おど》し文句を言う人もいるけど、ハッキリ言って、別れたい相手なのに我慢《がまん》して一緒にいる方が不幸だよ。それに、離婚したからって孤独になるわけじゃない。

大家族で暮らしていても、心が満たされず、孤独を感じている人はいます。その反対に、生涯《しょうがい》独身でも、ずっと楽しそうに生きてる人もいるよね。

家族がいようが、ひとり暮らしだろうが、孤独な人は孤独だし、幸せな人はどんな環境にいても寂しくない。**ひとりでいることと幸せとは、まったく関係ありません。幸せは、あなたの心が決めること**なの。

この世界には、「波動《はどう》の法則」というのがあるんだよね。波動って周波数みたいなもので、平たく言えば「雰囲気《ふんいき》」なんだけど。

その波動には、同じ波動のものが引き合うという絶対的なルールがあるんです。

地球には重力《じゅうりょく》があるでしょ？　モノをつかんで離せば、必ず下に落ちる。人間でも動物でも、高いところからジャンプして下に落ちないものはないよね。

それと同じで、この世界に存在するものや、あらゆる出来事には波動があり、必ず同じような波動がくっつく。よく「似た者同士が集まる」と言うけど、あれは本当のことなんだ。

人間をはじめとする生物やモノ、それから目に見えない現象《げんしょう》なんかもすべて、波動の力で動いている。

波動の法則から言えば、**あなたの心がいつも幸せで満たされていれば、孤独を引き寄せることはありえません。**

だけどあなたが不安や寂《さび》しさばかり感じているのだとしたら、どれだけにぎやかな場所にいようが、なぜか孤独に苦しむことになる。

結婚すれば寂しくないとか、離婚したら孤独になるとかって、それは表面的な印《いん》象《しょう》でものを言ってるだけで、まったく的《まと》を射《い》ていないよね。

たとえば、ひとり暮らしのお年寄りがいると、たいていの人は「寂しいですね」って言う。だけどさ、そのお年寄りには彼女（彼氏）がいたりして、実際は大充実してるかもわかんないよ（笑）。

いっぽう、本当に孤独で、家に訪ねてくる人も滅多《めった》にいない場合は、間違いなくなにか原因があるんです。人が来ないのには、それなりの理由がある。

寂しそうだからって、ボランティアの人やなんかが訪ねて行くじゃない。最初は

「来てくれてうれしいよ」とか言って印象がいいかもしれないけど、孤独な人って、だんだん愚痴《ぐち》だの文句だのが出てくるんだよ。

ボランティアの人がいつもより5分遅れただけで、遅いだのなんだのって延々《えんえん》と不満を並べ、「これじゃ誰も来たがらないわけだ」って（笑）。

こんな感じで愛がないから、周りから人がいなくなって孤独になるんです。

もしそのお年寄りが、いつも笑顔で明るい話ばかりする人だったら、絶対に孤独にはならないよ。

明るい人って、会えば元気がもらえるでしょ？　そういう人は男女に関係なくモテるから、自然と人が集まるんだよね。

人気のある人っていうのは、山のてっぺんに引っ越したって、みんなが訪ねてくるんだよ。来るなと言っても、勝手に人が来ちゃう（笑）。

しかも波動の法則で言えば、その人と同じように明るい人ばかりに囲まれるよ。

笑顔になれば ネズミがミッキーマウスになる

たまに、「私はいつも笑顔なのに孤独なのはどうして？」って言う人がいるんだけど、それは、あなたが余計《よけい》なことをしているからだと思います。

なんかいつもひと言多いとか、お節介《せっかい》しているとか、そういうので人に煙たがられているんだろうね。この人に関わると面倒《めんどう》だって、周りに思われている。

笑ってるだけでいいのに、そこにへんてこりんなものをくっつけるから、せっかくの笑顔も台無しになっちゃうんです。

試《ため》しに、**相手になにか聞かれたときだけ口を開くようにしてみな。**それも、必要最低限の言葉だけで答えること。余計なことを言わなくなれば、**人に嫌われなくなるよ。**

ただし、孤独なあなたが人に嫌われているとしても、それはあなた自身がもともと嫌われる人間だからではありません。

あなたという人間そのものには、なんの問題もないんだよね。

だって人はみんな神の子で、本質は愛と光だから。あなただって、ひと皮むけば愛の塊《かたまり》に戻ります。

じゃあなにが問題なんですかって言うと、自分の本質は愛だということを忘れ、自分には価値がないとか、自分なんてどうでもいいとかって、**自分を大切にできていないこと**です。

自分否定《ひてい》で愛を閉じ込めちゃってるから、愛を思い出せないんだよね。自分はダメだという盛大《せいだい》な勘違《かんちが》いによって、自ら孤独の道に進んでいる。

でもね、いまここで愛を思い出しちゃえば、その瞬間《しゅんかん》に孤独は消えるよ。孤独から解放されたいのなら、愛を出すしかない。

そしてそれには、笑顔と明るい言葉なんです。

でね、笑顔にも段階があって。誰ひとりついてこない笑顔もあれば、3人ぐらいはついてくる笑顔、50人ついてくる笑顔、100人ついてくる笑顔……みたいな感じでいろいろある。

東京ドームを一瞬でいっぱいにできる大人気のアイドルなんかは、笑顔が全然違うんだよね。何千人、何万人という人が、その人の笑顔に惚《ほ》れちゃうの。

そういう人の笑顔をよく見てごらん。

自分とはなにが違うんだろう、どういう笑顔がみんなに好かれるんだろうって研究して、真似《まね》できるところはどんどん自分に取り入れてみたらいいよ。

ネズミだってさ、魅力《みりょく》のある笑顔になるだけで、ミッキーマウスにまで昇格《しょうかく》できるんだよ（笑）。笑顔を極《きわ》めただけで、紅白歌合戦にだって出られる（笑）。

私はただのネズミでいいと思ってるだけじゃ、ネズミとしての可愛さはあるかもわかんないけど、ミッキーマウスほどの魅力は出ないよね。

それどころか、ネズミが「どうせ私はブサイクだし」ってひねくれて、せっかく褒《ほ》めてくれる人がいても「お世辞《せじ》はけっこうです！」なんて噛《か》みついちゃったら、これはもう確実に嫌われる（笑）。孤独が決定しちゃうよな。

と思って、あなたもミッキーマウスみたく笑ってごらん。間違いなく、周りの態度も変わるから。

笑顔というのは、「私はあなたの敵《てき》じゃありませんよ」という、いちばんわかりやすい表現なんです。

笑顔があるだけで、この人は敵じゃないんだなって相手は安心する。それがないから、周りが警戒《けいかい》して距離を置かれちゃうんだよね。

一人さんは昔から「真顔《まがお》禁止」って言い続けているんだけど、それには、こういう理由があってのことなの。

人間関係では、まず「私はあなたの敵じゃありませんよ」「なにも危害《きがい》は加えませんよ」「安心してくださいね」っていう気持ちを表現しなきゃいけないんだ。

孤独の壁を打ち破る天国言葉の超パワー

愛を出すには、まず笑顔。極論《きよくろん》を言っちゃうと、いつもニコニコ笑顔の人は、明るい言葉なんて意識しなくてもいいぐらいなの。

ただ、笑顔を極《きわ》めるのはけっこう難しい。

笑顔になるのは、明るい気分のときでしょ？　だけどみんな、なかなか明るい気持ちになれなくて悩むわけです。

笑顔が人生を変えるのはわかるけど、それが難しいから行き詰《づ》まる。自分の意志で心がコントロールできるぐらいなら、誰も苦労しないよね。

そこでカギとなるのが、明るい言葉なんだ。

言葉には、「言霊《ことだま》」という強いエネルギーが宿《やど》っています。

ようは言葉から出る波動のことなんだけど、人生を簡単に変えるほどのパワーがあるんだよね。言葉の持つ意味が波動となり、それと同じ波動を持つ出来事を片っ端《かたぱし》から引き寄せちゃうの。

笑顔がうまくいかないときでも、明るい言葉を口に出してるだけで、勝手に笑顔になっちゃう力がある。

この力に、全面的に頼っちゃえばいいんだ。

無理に心を変えようとしても、ますます苦しくなるだけです。それよりも、笑顔につながる明るい言葉を口に出せば、簡単に笑顔になれるの。

明るい波動の言葉を使い続けていると、だんだん自分もそういう波動を帯びてきて、気がついたら笑顔になっている。

だから、「はじめに言葉ありき」でやってみたらいいんです。

そのときにどんな言葉を使えばいいのかって言うと、一人さんが昔からずっと伝え続けている「天国言葉」です。

【天国言葉】

愛してます
ツイてる
うれしい
楽しい
感謝してます
幸せ
ありがとう
ゆるします

この8つの言葉が幸せになるための基本の「キ」だけど、このほかにも、自分も人もうれしくなる言葉ならどれも全部、天国言葉です。

たとえば、「きれいだね」「可愛いな」「素敵《すてき》だよ」「最高！」「それいいね〜」とか。

こういう天国言葉を使っていると、勝手に表情がゆるんでくるんだよね。天国言葉の波動は最高に明るいから、笑顔になるのが当たり前なの。

明るい波動の言葉を唱えながら、不機嫌《ふきげん》ではいられません。暗い顔でいることの方が苦しくなっちゃうから、笑顔になるしかない。

それで周りからも好かれたら、孤独の壁なんて簡単に打ち破れるよね。

1日100回、天国言葉を言ってごらん

天国言葉を言い出しても、はじめのうちは言葉に心が伴《ともな》わず、すごい違和感《いわかん》を覚えることがあるんです。でもそれでまったくかまいません。

大事なのは、心がどんな状態でも天国言葉を使うことなの。

お芝居《しばい》のセリフとか、笑顔になるおまじないみたいなものだと思ってもいい。とにかく言えばいいんだよね。

言葉と心のギャップに戸惑《とまど》いが大きければ大きいほど、繰り返し唱《とな》えることが大事になります。それこそ、1日1000回でも言ってみな。

そうするとね、言葉のエネルギーがじんわり染《し》み入るように、心に広がってくる。

あなたがどんなに大きな孤独を抱《かか》えていても、「楽しい」「ツイてる」って言いはじめると、本当に楽しくなってくるんです。ツイてる気がしてくる。

心は絶対、あとでついてきます。

1日1000回も言えませんって思うかもしれないけど、絶対に1000回言わなきゃいけないわけじゃないんです。

いままでずっと孤独に悩み続けてきたとか、なにをしても人生が動かないとか、不幸な自分にほとほと嫌気《いやけ》が差しているんだったら、天国言葉を1000回言うぐらいの覚悟は持とうよって話なの。

1日100回でも変わる人はいるし、10回ですごい笑顔になっちゃう人もいる。回数の問題じゃなくて、**あなたが笑顔になるまで続けられるかどうかが重要**なんだよね。

誰かに向けて言わなくてもいい。自分で自分に語りかけるつもりで言ってもいいし、誰もいない部屋で、呪文《じゅもん》のようにひたすらブツブツ唱えたっていい。

それを1週間でも10日でも、まずは続けてごらん。そしたらちょっとずつ笑顔が出てくるから、楽しくなって、1か月、半年……って続けられるの。

日本人はシャイだから、「愛してます」とかって言いにくい人もいると思います。とりわけ男性には、ハードルが高いかもしれないね。周りに誰もいなくても、そんなの言えませんってなるのもわかる。

でも練習すれば、びっくりするぐらい、さら～っと「愛してるよ」って出てくると思います。何十年ぶりかに、奥さんに「愛してるよ」とか言ったら、びっくりされちゃうかもね（笑）。

あと、**たくさんの天国言葉のなかからどれを選べばいいか悩む場合は、あなたの好きな言葉とか、ピンときた言葉をまず言えばいい**ですよ。

1つ言い出すと、同じ波動を持つ言葉がどんどん口から出てくるから、けっきょく同じなんです。「ツイてる」からはじめても、そのうち自然に「うれしい！」「幸せ！」って言いたくなる。

というか、天国言葉の波動を浴びまくっていると、幸せなことが次々に訪れるんだよ。いい波動は、あなたの笑顔だけでなく、いい現象も同時に引き寄せるからね。

そうするとまた笑顔になるし、もっと天国言葉を使いたくなる。

明るい言葉を口に出せば出すほど運気も上がり、いつも満たされて幸せになるから、それこそ口から出てくる言葉は天国言葉ばかりになっちゃうの。愛でいっぱいになる。

そういう人は、当たり前だけど愛のある人に囲まれるよね。

もう、孤独になることができないんだ。

明るい言葉があれば地獄言葉は消えていく

天国言葉を言えば、意識しなくても笑顔になります。

笑顔があれば人に好かれ、心も満たされる。うれしいこと、ツイてること、幸せなこともどんどん起きてきます。

運がいいから「ツイてる」と言うのではなく、「ツイてる」と言える人に、運もくっついてくるんだよね。


それと同じ原理で、言えば言うほど自分を窮地《きゅうち》に追い込むのが「地獄言葉」です。

地獄言葉とは、怖《おそ》れている、ツイてない、不平不満、愚痴《ぐち》、泣きごと、悪口、文句、心配ごと、ゆるせない……みたいな、嫌な波動を持つ言葉です。

感情にまかせて地獄言葉を口に出していると、いつの間にかあなたから笑顔が消えて、暗い表情、険《けわ》しい顔になっちゃうの。そうすると、周りはあなたから離れていく。

そのことでブツブツ愚痴や文句を言えば、また地獄言葉を言わなきゃいけないような出来事が起きるんです。

地獄言葉って、嫌なこと、苦しいこと、悲しいことばかり招くんだ。

人生のすべては、波動が握っています。

特に**言霊《ことだま》の波動は超強力だから、よくも悪くも、人生が簡単に変わってしまう。だからこそ、使う言葉を選ばなきゃいけない**んだよね。

といっても、過剰《かじょう》に怖がることはありません。

地獄言葉は絶対ダメだとか、ちょっとでも口にすると運気が下がるとか、そんなふうに自分を厳《きび》しく律《りつ》しても、疲れて嫌になっちゃうだけなの。

そんな努力よりも、天国言葉を使えばいいんです。

天国言葉が口癖《くちぐせ》になるまで、マシンガンみたく天国言葉を撃《う》ちまくってみな。それでだんだん、地獄言葉って出てこなくなるんです。

天国言葉があなたの心に染みこんで、地獄言葉のつけ入るスキがなくなるの。

みんなも経験あるかもしれないけど、音楽なんかでも、同じ曲ばかり聞いていると、その曲がかかってないときでも勝手に頭のなかにメロディが流れるじゃない。

言葉も、そういうことがあるんです。

毎日使い続けている言葉は口癖になって、そればかり口から出てくるんだよ。

だから、天国言葉ばかり頭のなかに浮かんで、地獄言葉は出てこなくなる。無理なく、地獄言葉から卒業できるんだ。

人生がもっと満たされる「つやこの法則」

これも一人さんが何十年も言い続けていることだけど、「つやこの法則」というのがあるんです。

「つや」　顔につやを出して明るい服を着ること。

「こ」　はじめに言葉ありき。地獄言葉をやめて、天国言葉を話すこと。

こういう意味を「つやこ」という言葉で表しているんだけど、「こ」についてはすでにご紹介したので、ここでは、なぜつやを出すといいのかお伝えしますね。

幸せな成功者って、みんな肌がつやつやしているんです。

貧相《ひんそう》な顔をしたお金持ちはいるかもしれないけど、「なんかこの人、波動が暗いよね」って感じる人で、成功と幸せの両方を手にしているケースは、少なくとも一人さんは見たことがありません。

だってふつうに考えたら、貧相な人には、誰だって近寄りたくないでしょ？　つやのあるきれいな人がいれば、たいていそっちを好きになるよね。

顔につやがあると元気に見えるし、明るい印象を受けます。それに、豊かそうな波動も感じる。だからみんな、つやのある人と一緒にいたいんだよね。

商売にしても、貧相な人と、つやのある人が同じものを売っていたら、つやのある人から買いたいと思うのがふつうです。

ＳＮＳ（インターネット上の交流サービス）やYouTube（動画共有サービス）だって、いかにも暗い人がやってると見ないでしょ？

幸せも成功も、いい人に囲まれて心豊かに生きるのも、やっぱり人から好かれてなきゃ叶《かな》わない。

人に嫌われながら、幸せな成功者にはなれないんだよね。

だから天国言葉を使った方がいいし、顔につやも出そうよって。そういう話なの。

なお、貧相な顔というのは、顔のつくりを言っているわけではありません。

なかには「私はブサイクで貧相に見えます」「顔が悪いから人に嫌われます」とか

言う人もいるけど、どんな顔だろうが、好かれる人は好かれます。嫌われる人は、容《よう》姿《し》が整っていても嫌われるの。

あなたの人生がうまくいかないのは、顔立ちの問題じゃないんです。

顔が悪かろうがどうしようが、笑顔と明るい言葉と、それからちょっとつやでも出せば光り輝くんだよ。

むしろ、顔の悪さがあなたの魅力に変わっちゃうの。

自分の顔に自信がないんだったら、なおのこと、美容オイルなんかを使って、つやを出してみな。それだけで印象はだいぶ違うし、やってるうちに、だんだん肌自体にもつやが出てくるんです。

特に女性は、いくらでも化粧で変われます。素顔《すがお》に自信のない人でも、つやを出してきれいに化粧でもすれば、一瞬で別人みたくなるよ。

顔につやを出すだけで、福相《ふくそう》になる。

で、顔だけじゃなく髪や爪《つめ》にもつやを出すと、ますます印象がよくなるから、慣れてきたらそういうところにもつやを取り入れてみるといいですよ。

みんな本能的にキラキラが好きなんだね

つやってね、身につける洋服やアクセサリーにも通じることなの。ピカピカに磨《みが》かれた靴をはくとか、明るい色の洋服を着るとか、キラっと光るネックレスや時計をつけるとか。

もちろん人それぞれ好みもあるから、明るい色が苦手《にがて》な人は、差し色でどこかに明るいのを入れるだけでもいい。スカーフやマフラーだけ明るい色を選ぶとか、財布やハンカチみたいな小物類で冒険《ぼうけん》するのも楽しいよね。

アクセサリーにしても、大きな光りものにハードルの高さを感じるんだったら、はじめは小ぶりなアクセサリーとか、キーホルダーなんかで遊んでみてもいいと思うよ。自分らしいおしゃれがいちばんだからね。

それから男性の場合は、なかなか明るい服やアクセサリーに手が伸びないかもしれない。**そういう場合は無理しなくていいので、清潔感《せいけつかん》だけ気をつけたらいい**よね。

ヨレヨレの服ばかり着ないで、安い服でもいいからパリッとさせるとかさ。

頭がボサボサだったり、無精《ぶしょう》ひげが伸び放題だったりしてるのに、それで「どうやったら彼女ができますか？」って、その見た目をまずどうにかしな（笑）。女性は、清潔感のない人には近寄ってこないの。

もちろん、男性でも女性でも華《はな》やかなのが好きな人は、どんどん明るいものを身につけたらいいよ。

うちのお弟子《でし》さんたちも、みんな華やかなのが大好きなんです。

いつも本当にカラフルだし、アクセサリーもまぶしいぐらいなの。顔のつやだって、洋服や宝石に負けてないよ。

たまに、キラキラしたものに「派手《はで》すぎる」とかって嫌みを言う人もいるけど、本当はみんな、きれいなものが好きなはずなんです。

クリスマスの時期なんかは、街がキラキラしててみんな笑顔になるでしょ？　ふだんは暗い顔の人も、イルミネーションを見るとパッと明るい表情になったりしてさ。

キラキラって、人をワクワクさせる効果があるんだよね。

うちのお弟子さんたちもよく言うんだけど、きれいなアクセサリーをつけていると、子どもたちが目を輝かせながら「触りたい～」って手を伸ばすんだって。男の子も女の子も、光るものにすっごく興味《きょうみ》を示す。

そういうのを見ると、人は本能的にキラキラが好きなんだなぁって思うよ。

でね、いままで一人さんが世の中を見てきたなかで言えば、**きれいな洋服やアクセサリーが好きな人って、自分を大切にしている人に多い**んです。

可愛い自分をきれいに飾ってあげようっていう、愛があるんだよ。

だから必然的に、おしゃれを楽しんでいる人はたいがい幸せそうだし、豊かな人も多いの。

それで言うと、地味《じみ》な人は「私なんかがおしゃれしてもしょうがない」「華やかなものを身につけても、行くところもないし」とかって、自分を飾ってあげることをしないんだよ。自分の価値を低く見ていて、愛が足りない。

そういう人はやっぱり、人生に不満を抱きやすいよね。


いまは安くてもセンスのいい洋服が買えるし、まるで本物のジュエリーみたいなアクセサリーもたくさん売っています。デザインだって、素敵なのがいっぱいある。

別に高価なものを買う必要はなくて、自分が無理なく買える範囲内でおしゃれを楽しめばいいんだよね。本物のダイヤモンドじゃなきゃいけないってわけじゃない。

うちのお弟子さんたちもね、みんなすごく豊かだけど、いつも高級なものばかり買うわけではありません。リーズナブルなお店で、とてもその値段に見えないような質のいいものを見つけるのも、みんな得意なの。

そういうのも含めておしゃれを楽しめる人が、いい波動になるんだと思うよ。

COLUMN

一人さんはひとり旅をしたくてもできない

知ってる人も多いと思うけど、一人さんは大の旅好きなんです。

で、いつもお弟子さんたちと旅をしていると、ひとり旅をすることはないんですかって聞かれることがあって。

まずその質問にお答えすると、私の記憶《きおく》のなかでは、ひとり旅をしたことがないんです。中学のときに家出したんだけど（笑）、そのときですら同級生が何人も一緒で、ひとりにはなれなかったの。

一人さんが寂しいから、みんなを誘《さそ》ってるわけじゃないんです。

私はひとりでもまったくかまわないけど、どこかへ出かけようとすると、いつも誰かしらついてきちゃうんだよ（笑）。

みんな自分に予定が入っていても、それを変更してまでついてくる。そしたら、じゃあみんなで行こうかってなるよね。

だから一人さんは、どうやってもひとり旅ができないの。


もちろん、ひとり旅の好きな人は、ひとりで自由にどこへでも行けばいい。そして、ひとり旅は嫌だって人は、誰かと一緒に行けばいいんです。

どっちがいいとか悪いとかって問題じゃないからね。

それで、**もしあなたが「ひとりは嫌なのに、一緒に旅行できる友達がいない」と悩んでいるんだとしたら、愛を出せばいい。笑顔と明るい言葉で、これから自分改革をすればいい**よね。


そのうえで、仲間づくりについてアドバイスするとしたら、ひとりでも利用できるツアーに参加するのはどうだろう？

最近は「おひとりさま」なんて言葉があって、ひとり客だけの専用ツアーもたくさんあるらしいよ。遠方の泊まりがけもあれば、近場《ちかば》で日帰りできるバスツアーもあって、気楽に参加できるの。

そういうのに申し込んだ人に聞くと、けっこう楽しいんだって。ツアーに参加する人はみんなひとりだから、簡単に新しい友達ができるの。

友達がいなくて寂しいのなら、こういうおひとりさまツアーにでも参加して、笑顔で、じゃんじゃん明るい言葉を喋《しゃべ》ってみな。

きっと楽しい友達ができて、次は一緒に旅ができるんじゃないかな。

第2章

現実を決められるのは自分の思いだけ

思いがそっくりそのまま波動になる

日本には四季《しき》があって、寒い時期になると寂《さび》しさを感じる人がいるんです。「落ち葉の季節は、ひとり身にはこたえるよなぁ」とかって言う人、いるでしょ？

そうやって寂しいのを季節のせいにするけど、こういう人は、春や夏でも寂しいって言うだろうね。

その点、一人さんなんて、秋は「おいしい」としか思ったことがないよ（笑）。食欲の秋と言われる通り、日本の秋はおいしいものがいっぱいあって最高なの。

冬にしたって、私にとっては鍋《なべ》がうまい。そんなイメージ（笑）。

秋も冬も、一人さんは寂しいだなんて感じたことがない。寒いのと孤独は、まったく関係ないんです。

それどころか、寒いときに街でミニスカートの女性を見かけると、「俺のために、寒いなか足を出してくれている」って、ますます元気が出てくるよ（笑）。

そしてもちろん、春や夏にもそれぞれ楽しいことがいっぱいあって、一人さんはどの季節も全部大好きなんです。

あとね、ドライブ旅行でいろんなところを走っていると、ちょっと人通りの少ない商店街に遭遇《そうぐう》することがあるの。いわゆる、シャッター商店街っていうのかな。

ふつうの人は、そういうのを見ると「ずいぶんさびれてるなぁ」「みんなつぶれちゃったんだね」とか言うんだよ。

でも、一人さんの場合はこうです。

「この商店街は、相当儲《もう》かったんだな。大儲けして、商店街ごと一等地に店を移転したんだね」

本当は、儲からなくてつぶれちゃったのかもしれない。だからって、「気の毒だね」「残念だな」なんて言ってると、その言霊《ことだま》で、自分自身が気の毒な波動になっちゃうんだよ。残念な貧乏波動になる。

だから私は、事実はどうあれ景気よくいくの。

そもそも、ものごとはどう見るかで印象が大きく変わります。

お店がなくなると、みんなは気の毒だと思うかもしれない。だけど実は、お店の人は老後の趣味《しゅみ》でやってただけで、年齢的に引退しただけかもしれないよ。しかも、お店をやめてもまったく困らない資産家だったりしてさ。

閉店したという表面的な情報だけで決めつけていると、とんでもない見当違いってこともあるんだよね。なにが事実かは、ちょっと見ただけじゃわからない。

そういうこともあって、一人さんは決めつけをしないの。

大事なのは、自分がどれだけいい波動を出すかってことであり、目の前で起きてることを、いかに豊かで、明るく受け止められるかなんだ。

思いというのは、そっくりそのまま自分の波動になります。

明るい思いの人は明るい波動になるし、暗い思いの人は暗い波動になる。

そしてその波動が、未来をつくる。

あなたの思いが、人生を拓《ひら》いていく。

このことを知っているからこそ、一人さんはなんでも明るく楽しく考えるんです。

昔、チャールズ・チャップリンという映画俳優がいたんです。どんな重いテーマでも、ユーモアで喜劇にしちゃう天才だったんだけど。

まさにあんな感じで、どんな悲劇だろうが、自分の思いでいくらでも喜劇にできる。

そして悲劇を喜劇にできる人は、誰よりも幸せになれるんだ。

なんでも自分で背負い込むからうまくいかない

日本人って真面目《まじめ》だから、ひとりでいろんなことを背負い込んで、がんばりすぎる人が多いんです。よほどのことがなければ人に頼ってはいけないとか、なんでも自分で解決しなきゃいけないと思い込んでいる。

それもやっぱり、勘違《かんちが》いなんだよね。

愛を忘れてるから、自分が追い詰められるような状況になっちゃうの。


愛のある人は、そもそも周りにいい人しか集まりません。

こちらが頼みごとをしても笑顔で引き受けてくれるし、そもそも頼む前から積極的に手伝ってくれます。

ところが愛を忘れてしまうと、周りに寄ってくるのも愛のない人ばかりになる。

だから、ちょっと頼みごとをしただけで嫌な顔をされたり、体《てい》よく断《ことわ》られたりして、お願いすることが嫌になるんだよね。人に頼むより、無理してでも自分でなんとかした方がマシだっていう考えになっちゃうの。


一人さんはいつもドライブに出かけて、会社には年に数えるほどしかいかないんです（笑）。それで私はドライブ中に新商品のアイデアを出すんだよね。

だけどそのアイデアを形にするのも、会社の事務作業なんかも、私にできないことは全部仲間たちがやってくれるの。しかもその仕事ぶりに間違いがないから、安心して任《まか》せられる。

おかげで一人さんは自分の得意なことだけに集中できるから、どんどんアイデアも出てくるし、出す商品がどれもヒットか大ヒットで、会社は安定的に黒字経営ができています。

もし私がなんでもひとりで抱え込んでいたら、そうはいかないだろう。

疲労困憊《ひろうこんぱい》しちゃって新商品のアイデアもひらめかないし、売上げも落ち込み、会社を続けられなくなると思います。

自分であれこれ抱え込むのって、けっきょく、自分も周りもみんな損をするだけなんだ。

いいかい。笑顔の素敵な人、明るい言葉を使う人、きれいに自分を飾ってあげられる人は、周りが放っておかないの。

困ったなぁと思うことが起きても、必ず誰かが手を貸してくれるから、ひとりでがんばらなきゃいけない場面がそもそも出てこない。

この世界にはそういう絶対的な法則があるから、愛を出しさえすればいい。それだけで、豊かな人生になるんだよ。

人生が行き詰まっているように感じる人は、笑顔と明るい言葉を使って、愛を出してごらん。本当に、流れは変わるよ。

徹底的に自分を褒《ほ》めて可愛がりな

孤独感の強い人というのは、劣等感《れっとうかん》があるんです。自分を大切にしてて、孤独に悩む人はいないの。

なぜかと言うと、自分を愛せる人は、ひとりでいるときでも、自分が自分の友達になって楽しめるからね。

一人さんがまさにそうなんだけど、私はいつも頭のなかで自分に冗談《じょうだん》を言ったり、楽しい会話をしたりして、満たされた時間を過ごしているんだよ。

それに対して、孤独な人はやっぱり自分を卑下《ひげ》している。どうせ自分なんて、って粗末《そまつ》に扱ってるの。だから孤独になる。

愛がないままに、劣等感が抜けないとか、孤独でつらいとかって、それは当たり前なんです。自分を可愛がれない人がどんなに心を満たそうとがんばっても、これほど難しいことはない。

孤独から抜け出すには、愛を出して自分をゆるすしかありません。

愛のある人は、たとえ劣等感につながりそうなことがあっても、全部明るく受け止められるの。自分を責めることもない。

自分をゆるすって、自分否定よりもはるかに勇気や覚悟《かくご》を要します。だけどその難しいことが、愛を出すだけで自然に出来ちゃうんだよね。

その点、一人さんはすごいよ。みんなが「こんな自分じゃダメだ」と思いそうなことても、「俺はすごいぞ！」って自分を誇《ほこ》る材料になっちゃうからね。

自分のやることなすこと、全部勇気と自信になる。


たとえば私は、小学生のときから、学校のテストではしょっちゅう0点を取っていたの。勉強嫌いだったからね。

でもそのたびに、「俺は最高だなぁ」って感心していた（笑）。

0点のなにが最高なんですかって、まず試験を受けただけでマル。それから、答案用紙に名前を書けたことも素晴らしい。しかも0点で落ち込むどころか、次の日も笑って学校に行けるんだよ。

こんなに優秀なのはいないぞって、自分で自分を褒《ほ》めちぎってたね（笑）。いつも自分を可愛がりまくってて、自分で自分に頭が下がっちゃうぐらいなの。

テストで0点を取ると、先生や親に叱《しか》られるかもしれない。なんで勉強しないんだ、遊んでばかりいるからそんな点しか取れないんだ、みたいな感じでガンガン責められてさ。

そうすると、ふつうの子は萎縮《いしゅく》しちゃうんだよね。

大人の言うことは絶対的に正しいと思い込んでいて、0点の自分は否定すべき存在だっていう勘違《かんちが》いがはじまってしまうの。

だけど一人さんを見てもらってもわかるように、ハッキリ言って私は、学校で100点ばかり取っていた人より、はるかに成功しているよ。

誰よりも幸せだし、税金だって人の何倍も納めている。それも、笑いながらね。


0点だから、ダメなわけじゃない。

うまくいかないのは、自分まで自分を責めちゃうことなの。自分を粗末《そまつ》に扱うなんて、絶対にしちゃいけないんだよね。

だから人になにを言われようが、自分だけは絶対に自分を責めないぞって貫《つらぬ》きな。

先生や親がうるさければ、表向きは「はいはい」って従うフリしながら、右から左に受け流してりゃいい（笑）。

自分が、自分のいちばんの味方になるんだよ。そうやって自分褒めを徹底してこそ、本当の意味で幸せになるからね。

ちなみに……世間では、「社長は孤独なものだ」とか言われるらしいんです。けど、それも一人さんに言わせるとウソだね。

だって私は長いこと社長をさせてもらってるけど、孤独なんて感じたことはないし、うちのお弟子さんたちもみんな社長だけど、誰ひとり孤独な人はいないよ。

孤独な社長ってね、社長だから孤独になるわけじゃない。

みんなに嫌われてる人が、たまたま社長になっただけなんだ。

楽しむことを禁じてちゃ、幸せになれないよ

幸せじゃない人は、人生を楽しんじゃいけないと思っているんです。

仕事でもなんでも真面目《まじめ》にするのが当たり前だっていう、堅苦《かたくる》しい観念に縛《しば》られている。もちろん真面目に生きるのは素晴らしいことだけど、楽しんじゃいけないって思うと苦しくなるんだよね。

幸せな瞬間というのは、楽しくてしょうがないときです。

あなたが楽しいと感じたら最高に幸せだし、どんなにお金があろうが成功しようが、**楽しくなければ幸せじゃない。**

人生は楽しむことでしか幸せになれないのに、自分に真面目ばかり強要して、どうやって満たされるんだい？　そんなの、つらくて当たり前だよね。

もちろん、いつも楽しんでいる幸せな人にも、問題や悩みは出てきます。人生には試練《しれん》がつきものだし、自分の波動とはまったく関係なく、不慮《ふりょ》の事故やなんかに見舞われることもあるんです。

ただ、幸せな人ってそれが悩みにつながることはないんだよ。

明るい人は、暗い人とは問題の捉《とら》え方が根本的に違って、「いろいろあるから人生は面白い」という考えがベースにある。だから、なにか問題が起きても「さて、これをどうやって解決しようか」って楽しく攻略《こうりゃく》するの。

一人さんなんかは、なんでもゲーム感覚で楽しんじゃうんだよね。

そもそも私は、いつも未来を明るく考えていて、自分が不幸になるイメージが微塵《みじん》もない。

どうやったってうまくいくと思っているから、いくら不幸の種がまかれようが、私の畑では不幸の芽が出ることはありません。

それどころか、不幸の種が土のなかで突然変異《とつぜんへんい》して、なぜか幸せの芽が出る。

そしてそれがグングン育ち、でっかいきれいな花が咲くんです。

この世界で起きることに、いちいち「いい」「悪い」の区別をつけるのは人間だけで、**本来、ものごとには善悪なんてありません。**

けっきょく、自分の受け取り方の問題なんだよ。

愛のない人にとっては悪く見えることでも、一人さんの手にかかれば、どれも全部いいことに変わるよ。

だって私は、すべての現象は神の完璧《かんぺき》な采配《さいはい》によるものだと信じているからね。

すべては、この世界や私たちが進化するために起きている。楽しくて明るい方へ行けるようにって神がくれた試練であり、無駄《むだ》な現象は1つもありません。

そのことを知っていると、悩む必要がないんです。

なにか起きたって、慌《あわ》てず楽しく対処《たいしょ》していれば必ずうまくおさまる。それは私が実証《じっしょう》済みなんだ。

孤独かどうかは自分の心が決める

独身の人が増えたからだと思うんだけど、最近、「男性（女性）がひとりで生きていくのに大事なことは？」みたいな問いが多くなったように思います。

こういう話を聞くと疑問なんだけど、なぜひとりで生きていくことが前提になっているんだろう？　あなた、無人島にでも住んでるんですかって（笑）。

世界には、80億人ぐらいの人が存在します。日本人だけでも、1億2000万人以上もいる。

一人さんにしてみたら、これだけの人がいるなかで、ひとりで生きることの方が逆に難しい。にもかかわらず、ひとりで生きるしかないんだとしたら、その人のなにかが間違っているんだよ。

ひとりで生きるための知恵をつけるより、自分のなにが間違っているのか考えた方がいいと思います。

未婚だからとか、離婚したからって、ひとりで生きなきゃいけない道理《どうり》はありません。ひとり暮らしでも、愛のある仲間がいれば、心はひとりじゃないよね。

それこそ家族以上に満たされることもあるだろうし、愛のある仲間がいれば、死ぬまで幸せでいることはできるよ。

それに、戸籍《こせき》上の家族がいれば孤独にならないってわけでもない。

もちろん、愛のある人は家のなかも明るいだろうし、家族仲もよくて幸せだと思います。だけど愛のない家庭には愚痴《ぐち》や文句ばかりあふれていて、隣に人がいても、心が通じなくて孤独を感じるんだよね。

孤独かどうかは、いつだってあなたの心が決めている。

ひとりで生きるしかないと思うのは、あなたの心が孤独なせいなんだ。

幸せな人は、ひとりでいようが家族といようが、いつでも楽しく生きています。孤独なんて感じないから、ひとりで生きていくことなんか考えもしないんだよね。

いつも思うけど、家族のいない人は寂しいと決めつける世間《せけん》の風潮《ふうちょう》もよくない。ひとりで暮らしていると、無条件に孤独のレッテル貼《は》りをされるっていうか。

世の中には、家族をつくって暮らすより、ひとりで生活する方が好きな人だっています。誰かと一緒にいるのもいいけど、ひとりで過ごす静かな時間がたっぷり欲しいから家族はつくらないケースとか。

そういう人は、ひとりの時間が長くても孤独ではありません。好きなだけ趣味や仕事に没頭《ぼっとう》できて充実しているし、ひとりの時間に幸せを感じているんだよね。

逆に、「私は家族と一緒に暮らす方が好きです」って思う人はそうすればいいしさ。

こういうのは個人の好みの問題であって、いい悪いの話ではありません。

どちらでも自由だし、自分が幸せになる方を選べばいいんだ。

それで、もし結婚してみて自分には合わないと思ったら、人の顔色なんて気にせず別れな。

時代は、もう21世紀なんです。

自由に軽やかに生きることで幸せになる、魂《たましい》の時代だからね。

死ぬときはみんなひとり。だけど寂《さび》しくない

ひとり暮らしをしていると、孤独死する自分が頭に浮かんできて悲しくなるという人がいるんです。確かに、高齢化社会と言われるようになってからそういうニュースがよく報じられるから、不安になるのもわからないではない。

でも究極《きゅうきょく》を言っちゃうと、ひとりでいようが家族と暮らしていようが、死ぬときは誰もがひとりです。

家族がいても、一緒に死んでくれるわけじゃないでしょ？（笑）

そもそも、生物として死に抵抗《ていこう》があるのは当たり前なの。それが欠けてると命を大切にしようと思えないから、人は、死を怖《おそ》れるようにインプットされているんだよね。

その恐怖心を誰かに請《う》け負《お》ってもらうことはできないし、自分の考え方で軽くしていくしかない。

じゃあどう考えるのがいいかと言うと、一人さんはいつも**「肉体は死を迎えても、魂《たましい》は永遠に死なないよ」**っていう話をするんです。

命あるものには、すべて寿命《じゅみょう》があります。人間も動物も、昆虫も、植物にも、例外なく命には限りがある。

それぞれ生きる時間に多少の差はあれど、Aさんは1年しか生きられないのに、Bさんは1000年生きるとか、Cさんは不老不死《ふろうふし》だとかってことはないよね。どんなに健康な人でも、年を取れば全員に死が訪れます。

でもね、肉体が衰《おとろ》えて機能しなくなっても、そのなかに入っている、神様からもらった魂は不滅《ふめつ》です。

肉体の命が尽きるときには、魂は体からスッと抜けてあの世へ戻る。そしてしばらくすると、新しい肉体をもらってこの世に生まれてくるんだ。

死とは、「大切な人を残していく」「永遠のお別れ」「死んだ人は消えてなくなる」みたいなイメージが一般的かもしれません。だけど、一人さんはそうは思わないの。

大切な人とはあの世でまた会えるし、ソウルメイト（魂の仲間）とは、来世《らいせ》もともに生きられる。

今世《こんせ》は夫婦だった相手が、来世では親子になるかもしれないし、きょうだいってこともあるだろうけど、深い縁《えん》のある相手とのお別れがくることはないんです。

一人さんはそう考えているから、次は大切な人とどんな関係で生まれてくるんだろうって、それはそれでワクワクするよ。

まだまだ生きてこの世界を楽しみ尽くしたいけど、そのときがきたら、来世を楽しみにしながら天国へ行こうって。そういう感覚があると、死ぬこともそんなに怖くないんです。

今世での思い出がたくさんあればあるほど、家族や仲間とのお別れは寂しい。それは当たり前だよね。

ただ、必ずまた会えると信じて疑わなければ、大切な人を亡《な》くしても、いつまでも悲しみに引きずられることはありません。

ありがとう、また会おうねって、亡くなる人を送り出せる。

そしてそれは自分が死を迎えるときも同じで、そこには、みんなが思うほどの寂しさや孤独はないと思うよ。

それとね、大切な人を残して死にゆくのはつらいことだけど、自分の死を見てもらうことで、相手が生や死について学びを深めることのお手伝いもできる。

こういうことがわかると、死に対する感覚はずいぶん変わるんじゃないかな。

あなたはそろそろ変わるときがきた

みんなは、孤独感というのはなかなか消すことのできない、魔物《まもの》みたいなものだと思っているかもしれないね。不安や寂しさって、心に強烈《きょうれつ》に残るから。

でも、たいていの場合は深刻《しんこく》になりすぎなの。

それはあなたの幻想がつくり出した魔物であって、心を軽くすると、案外、孤独感って小さくなるものなんだよ。

でね、**ずっと孤独感を抱えながら生きてきて、自分でもしみじみ嫌になってるんだとしたら、それって自分を変える時期が訪れているってこと**だと思います。

という意味では、いまが孤独から抜け出すチャンスだから、愛を出してみな。

いまここから、笑顔と明るい言葉に変えてごらんよ。

それであなたが愛の波動を出しはじめると、いままで暗い波動だったぶん、すごく目立つんだよね。

だからいっきに愛のある人との出会いが増えて、びっくりするぐらい日常が変わる。

でね、明るい波動を出しちゃえばもう、周りの人もその状態が当たり前になるから、「前は暗かったよね」「昔はとっつきにくい人だったよね」みたいなことも言わなくなる。

過去がどうだったかは関係ないし、昔から明るい人だったのと同じなの。


世の中には、幼い頃に親に捨てられたとか、自分ではどうしようもない過去によって孤独感を植えつけられた人もいると思います。

究極《きゅうきょく》の寂しさを経験したことで、大人になってもその孤独感から抜け出せず苦しんでいるんだよね。

でも、こういう解決が難しそうな難題も根っこは同じ。

笑顔と明るい言葉さえあれば、つらい過去から解放されます。

愛を出して自分をゆるし、そのままの自分をうんと可愛がってあげたら、必ず孤独感は消え去るよ。

それから、あなたが経験したようなことを、誰にも強要しないと決めたらいい。あなたが親に捨てられたのなら、自分だけは、絶対に子どもを捨てないぞって。

自分が苦しい思いをしたからって、ほかの人にも同じ思いをさせようとするのは、ますます自分の心を傷つけるだけだからね。

自分でソウルメイトに頼んできた学びがある

魂は、生まれ変わるたびにさまざまな経験をします。

なぜ経験を積むのかと言うと、魂は成長したがってるんだよね。生まれ変わるたびに少しずつ学びを深め、いまより一段でも上のステージへ進みたいと望んでいるの。

この世界に生きていると不幸の種にしか見えないことでも、魂の世界ではどれも最高の修行《しゅぎょう》です。

地球でしか経験できない、貴重《きちょう》な学びなんだよね。

言ってみれば、**私たちは学びを得たくて生まれてきた。新しいことを1つひとつ学ぶことで、魂を成長させている。**

その観点で、さっきの親に捨てられる経験について言えば、そういうつらい経験をしたのは、あなたの魂がそれを経験してみたかった可能性があるよね。

あの世にいるときに、あなたの魂が「今世《こんせ》は、親に捨てられることで学びを得たい」と考えたのかもしれない。

だから、あなたの親になってくれるソウルメイトに、自分を捨てるよう頼んできた。

ただ、**どんな魂も神の愛で生まれた命です。愛の塊《かたまり》**なの。

いくらソウルメイトの頼みでも、子どもを捨てるなんて嫌だと思うよ。誰だって、そんなこと引き受けたくない。

それでもあなたの熱意にほだされて、「じゃあ心を鬼《おに》にして、あなたの試練をお手伝いしましょう」って引き受けてくれたとしか考えられないんだよ。

だとしたら、子どもを捨てる親は本当に最低の人間なのか——そんな疑問すら湧《わ》く。


一人さんはね、その最低に見える親御《おやご》さんは、実は最高の魂が「最低の親」を演じているだけじゃないかって思うんだ。迫真《はくしん》の演技だなって。

で、そこまでしてソウルメイトが協力してくれているわけだから、ここで自分が学ばなかったら、嫌な親を演じてくれた魂に申し訳が立たないじゃない。

それに、自分で決めてきた学びを得られないままでは、人生は間違った方向へ進み続けてしまいます。

自分はあの世で、なにを学びたかったんだろう。この出来事には、どんな神の意図《いと》が隠されているんだろうって。

それを考えなきゃ前に進めないし、幸せも成功も手に入らないんだよね。

もちろん、全員がそうだと言っているわけじゃないよ。

あの世のことや、魂の話を信じられる人だけが、なにかのヒントにしてもらえたらいいんだけど。

いずれにしても、**いつまでも孤独感にさいなまれて苦しいのは、まだ学ぶべきことに気づけていないから**だと思います。

大事なことに気づくことができれば、その瞬間に、心は解放されて軽くなるよ。

生まれてきただけで大成功なんだ

魂は、この世界に、楽しく修行を積むためにやってきました。

だけど一説によると、魂にとっては、地球に生まれることが最優先《さいゆうせん》だという話もあって。

どういうことかと言うと、あまりにも多くの魂が地球に生まれたがっていて、その順番待ちがすさまじいらしいの。自分の好みの環境《かんきょう》を選ぼうと思うと、大変な倍率を勝ち抜かなきゃいけないんだよね。

そんなことじゃいつ地球に行けるかわからないから、もはや条件なんてつけてる余裕はない。この際《さい》なんでもいいから、地球に生まれたもん勝ちだ、みたいになっているんだって（笑）。

そこまでして魂がこの世に生まれたがるのは、やっぱりあの世では肉体を持てないからだろうね。

肉体がなければ五感も使えないし、泣いたり笑ったりすることもできない。体を使って動くこと、頭で考えることだって、地球にいるからできるわけです。

それに、あの世には試練がいっさいありません。魂は安定的に満たされていて、不幸や苦しみは存在しないんだよね。

それはそれでいいじゃないかって思う人もいるだろうけど、ただ穏《おだ》やかな空間が広がっているだけで、何十年も何百年も……いや、何万年と同じ環境にいてみな。あまりにも代わり映《ば》えのない状態に、間違いなく刺激《しげき》が欲しくなる（笑）。

だから魂は、肉体を持てるこの世界に生まれてきたいし、よくも悪くも地球でいろんな体験をしたいんだよね。

どんな試練でも、そこから学んで魂を成長させたい。


ところが、いくら地球に生まれたいと切望してもそれがなかなか叶《かな》わないわけです。魂の数に対し、地球に行ける枠《わく》があまりにも少なく、あの世では熾烈《しれつ》な争いが繰り広げられているんだね。

ことに日本の人気はどんどん過熱していて、世界のなかでもっとも激しい奪い合いになっているんだって。日本ほど豊かで平和な国はないから。

本当かどうかはわからないけど、日本人のお母さんひとりに対して、あの世では10万人とか、場合によってはそれ以上の魂が行列《ぎょうれつ》をつくっているらしいよ（笑）。

魂の世界では、日本はみんなのあこがれであり、日本に生まれるだけでものすごくラッキーなんだよね。

だから、日本に生まれることができるんだったら親は選ばない。そういう魂もたくさんいるの。どんな親でもいいから、とにかく日本に生まれたいって。

それでも多くの魂はここに生まれることができず、自分の順番がくるのを待ち続けている。

と思ったら、**あなたはめちゃくちゃツイてる**よね。

地球に生まれてきただけでもすごいのに、そのなかでも、日本人という超レアな枠をゲットしてきたんだよ。

この段階で、あなたの人生はもう大成功なの。

なのに、生まれた家が悪いだの、自分は運が悪いだの、孤独だの不幸だのって、いい加減にしてもらいたい。

そんなことばかり言ってると、いまもあの世で順番待ちしている大勢の魂に怒られちゃうよ（笑）。

COLUMN

人生には「勝ちグセ」というのがあるんです

多くの人は、チャンスに気づきやすくなるコツがあれば知りたいと言います。だけどチャンスに気づくって、なにか特別なコツがあるわけじゃない。チャンスに気づけるかどうかって、秘訣《ひけつ》があるとしたらたった1つなの。

それは、**自分がどれだけ愛を出せるか**だよ。

自分の幸せ度によって、訪れるチャンスの数も大きさも違ってくるから、愛を出せば出すほどチャンスに気づきやすくなるという側面があるんです。

チャンスというのは、波動なの。

愛のある明るい波動を出してる人には、その波動にふさわしい、楽しくて幸せなチャンスがやってくる。だけど愛がなければ、チャンスもなにもないんだよね。

人生でも仕事でも、「勝ちグセ」っていうのがあるんです。

勝ちグセがつくと、やることなすこと全部うまくいく。勝つことが当たり前の人生になるんだよね。

幸せになると、勝ちグセがつくんです。

明るくて愛のある人ってさ、見かけ上は失敗でも、それを絶対に失敗だと思わないんです。世界じゅうの人が全員「それは間違いなく失敗だろ？」と言うようなことでも、成功だと受け止めるの。一人さんがそうなんだけど。

じゃあ失敗したときに一人さんはどう考えるんですかって言うと、「これはうまくいかないんだな」とわかったわけだから、すごい発見でしょ？　もうそれを二度としなきゃいいんだよね。

同じ失敗を繰り返さずに済むという、成功なの。間違いなく、昨日までの自分よりレベルが上になったよね。

こういう考え方ができることを、勝ちグセと言うんです。

勝ちグセは、負けたと思わなければ身につく。だから失敗を失敗だと思わず、どんな失敗でも成功だと思うことだよ。

階段だってさ、一段ずつ上がっていくでしょ？　なかには一段飛ばしをする人もいるけど、それは運動神経が発達してなきゃできないことなの。

歩きはじめたばかりの子どもが一段飛ばしなんてしようものなら、それこそ足を踏み外して大ケガをしたり、命を落としたり大変なことになる。

人生もそれと同じで、勝ちグセのついた明るい人は、放っておいても勝手に一段飛ばし、二段飛ばしができちゃうんだよ。

だけど、まだ修行したての人は一段ずつ登っていかなきゃしょうがない。

焦《あせ》っても、取り返しのつかないことになるだけなの。一段、二段、三段……って、確実に学びながら上を目指すのが正解なんです。

そう思って、一歩足を出しただけで成功だの失敗だのって、いちいち判断しないことだよ。

大きな成功をつかむ人は、決まって、小さな一歩を大切にしている。

いきなり大きいことばかり求めても、それでは負けグセがついてしまうだけなんだ。

第3章

愛の波動で心を満タンにするんだよ

笑いながら泣くことはできないからね

笑顔ができるだけで、人生は大違いになります。

孤独と縁《えん》が切れるだけじゃない。運にもバンバン勢いがついて、奇跡《きせき》みたいなことが次々に起きるようになるの。

一人さんの納税額日本一だって、はじまりは笑顔なんです。

笑顔を忘れなければ、まず人に好かれる。

人に好かれたら、最高の仲間にだって恵まれるよね。一人さんみたく会社を興《おこ》しても、なぜか優秀な人ばかり来てくれるから成功し続けるの。

それに、笑顔でいると神様からもじゃんじゃん知恵がもらえて、「どうやってそんなアイデアを思いついたんですか？」みたいなことがふつうに起きます。

神様って、人がとうてい想像できないことをさらっとしてくれるんだよね。

トンネルは、山やなんかを削《けず》ってつくるでしょ？　そのときに、硬《かた》い岩盤《がんばん》にも負けない掘削機《くっさくき》で穴を掘るじゃない。笑顔って、まさにそういう役割をしてくれるの。

特別なものを持っていなくても、笑顔という愛のパワーさえあればそれだけでいい。

人生に高い山が出てこようが、ぶ厚い鉄のような壁が現れようが、片っ端から穴を開《あ》けて突破できるんだ。

笑顔には、みんなが考える以上のすさまじい効果がある。

だから、**1秒でも笑顔でい続けるために明るい言葉を使うんだよ。天国言葉を心に刷《す》り込んで、口癖にすればいい。**

笑うことになぜそんなに力があるのか、不思議に思う人がいるかもしれないね。

その理由は、笑っていると、人は泣くことができないからだよ。人間は、笑いながら泣くことはできないようになっているんです。

あなただって、大笑いしてるときに「はい、そのまま泣いてください」なんて言われても難しいでしょ？　その反対に、つらくて涙がこらえられないときに、スカッとなんて笑えないじゃない。

ちなみに、笑い泣きというのがあります。だけど、あれは笑いすぎて出る楽しい涙なので、この話には当てはまりません。

私たちは、真逆の感情を同時に持つことはできません。

明るい気持ちのときは笑顔にしかならないし、暗い心のときは、泣いたりブスっとしたりするだけ。

つまり、天国言葉で明るい波動になっちゃえば、どんなに怒りがあっても、深い悲しみがあっても、それを持続させることができないんだよ。

楽しいと言いながら怒ってる自分、幸せと唱《とな》えながら泣いている自分が、滑稽《こっけい》に思えてきたりして笑えちゃうの。

天国言葉を使っていると、どう転んでも笑顔にしかなりません。

それから、笑顔になるには顔の筋肉を動かさなきゃいけないよね。ところが、長いことしかめっ面《つら》をしてきた人は、筋肉がその状態で固まっちゃってることがある。

そういう場合は、笑顔筋を育ててあげるのがいいんです。

笑顔筋が凝《こ》り固まっている人は、自分では笑顔のつもりでも、はたから見ると「それで笑ってるの!?」みたいな、真顔《まがお》や怖い顔にしかならないことがあります（笑）。

でも心配ないよ、練習すれば笑顔筋は育つから。顔って、いくらでも変わるの。

タレントさんなんかも、笑顔の練習って結構しているらしいよ。だからこそ、大勢の人を惹《ひ》きつける明るい笑顔ができるんだね。

あなたもそれを真似《まね》して、鏡に向かって毎日練習してみな。

口角《こうかく》を上げながら、自分に「かわいいね」「イケてるね」「素敵《すてき》だね」って言ってあげたら、自分の魂もすごく喜んで、ますます笑顔になると思います。

人生には「軽〜い覚悟」が必要なんだ

笑顔で本当に孤独から解放されますか、運がよくなりますかって、やれば絶対変わるの。一人さんは、昔からずっとそう言い続けている。

それを、「そんなの気休めでしょ?」とかって疑ってかかる人がいるんです。

一人さんが提案したことをまともにやりもしないで、「絶対変わりますか?」「うまくいかなかったらどうするんですか?」って、まずアラ探しをするの。やっても変わるわけがないっていう前提なんだよね。

あのさ、あなた本当に自分を変えたいと思ってるんですかって話なの。

これだけ「笑顔で人生が変わる」と言っているんだから、まずは一人さんの言うことを全部やってみるんだよ。

で、3か月でも半年でも続けて、それでも1ミリも人生が変わらないんだとしたら、そのとき「私のやり方は間違っていますか？」って質問してください（笑）。

でもね、**私がいままで大勢の人を見てきたなかで、笑顔で人生が変わらなかった人は誰ひとりいません。笑顔に挑戦《ちょうせん》した人は、全員変わった**よ。

あなただって、笑顔になれば絶対なにかが起きる。いまここから、新しい道が拓《ひら》けると思います。

自分を変えるってね、ある程度、覚悟《かくご》というものが必要なの。

笑顔になるために天国言葉に挑戦しようとか、笑顔の練習をしようとか、覚悟がなきゃ前に進まないんだよね。

といっても、身構えることはありません。ふわっとした覚悟でいいからね。

うちのお弟子《でし》さんたちでも、みんな「笑顔でいたら、たいていのことはなんとかなるんだから、笑ってた方がトクだよね」って、その程度の軽〜い覚悟なんです。

軽い覚悟でもって、笑顔で明るい言葉を使う。そうすれば、誰でも愛が出ます。

愛があって明るい人には、同じように笑顔の素敵《すてき》な、楽しい波動の人がたくさん集まってくる。

そうするとね、もし自分の近くに毛色の違う悪いやつとか、へんてこりんなのが紛《まぎ》れ込んできても、すぐに立ち去ってくれるんです。波動の合わないおかしな人は、周りから浮いて悪目立ちするから、「あの人、ヘンだよね」ってみんなにバレちゃって、そこにいられなくなるの。

仲間のなかで目の利《き》く人が、「あの人には気をつけて」って教えてくれたり、あなたに近づかないように阻止《そし》してくれたりするんだよ。

だからあなたも、うんと笑顔になって、いい人にたくさん集まってもらいな。

顔や髪につやを出したり、洋服やアクセサリーでおしゃれを楽しんだりすれば、外見にもあこがれを持ってくれる人が増えて、さらに大勢の人から好かれる。

そしたら、あなたは大勢のなかから自分とウマの合う人を厳選《げんせん》できるじゃない。こんなに贅沢《ぜいたく》なことはない。

じゃんじゃん愛を出して、大勢の人に好かれるんだよ。

自分が満たされたら嫉妬《しっと》しなくなる

インターネットの普及《ふきゅう》で、よくも悪くも、人の生活が見えやすい時代になりました。

ほかの人が旅行している様子だとか、パートナーにもらったプレゼント、結婚や出世の報告、おしゃれなお店でお茶や食事をしているときの写真や動画……みたいな、充実している写真や動画がじゃんじゃん目に入ってくるんです。

で、自分にはなかなか手に入らないものを持っている人を見ると、「あの人は幸せなのに、私の人生だけ全然うまくいかない」とかって落ち込むの。

人と自分を比べて、自分にダメ出しする。それを埋《う》めるために自分より不幸そうな人を探し、優位になったような気になる。なんだか、すっごく寂《さび》しいよね。

人と自分を比べるのは、自分が満たされていないのが原因なんです。

自分が誰よりも幸せになっちゃえば、人の暮らしぶりを見て、自分だけ取り残された感覚になることはないんだよね。

周りに後《おく》れを取らないようにって、焦《あせ》ることもありません。

嫉妬《しっと》が苦しい、人を羨《うらや》ましがってばかりの自分から卒業したい。そう思うんだったら、自分を充実させたらいいんだ。

みんなは、「お金があるから充実する」「結婚しているから寂しくない」みたいなことを言うんだけど、そうじゃないの。

たとえば、一人さんは子ども時代から、重い病気をいっぱいしてきました。経験のある人はわかると思うけど、病気って本当につらいものだよ。

いくらお金があっても命（健康）は買えないし、健康でなければ、お金を使って楽しむこともできません。

苦しさや虚《むな》しさに、なぜ自分がこんな目に遭《あ》うんだって、底なし沼に沈みそうになるの。


だけどそんなつらいときですら、一人さんは自分や人を恨《うら》まなかった。

元気な人、うまくいってる人を見て嫉妬するとか、孤独の闇《やみ》に飲み込まれるとか、そんなことはただの一度もありません。

だって私は、いつ何時《なんどき》も、自分の心が最高に充実しているからね。

自分が満たされていれば、ほかの人のやってることなんて気にならないの。誰がどんな贅沢をしていようが、幸せを手に入れようが、そのことで自分の気分が沈むことはない。

むしろ、ほかの人の幸せを自分のことみたく、「よかったね！」って喜べるんだ。

苦しいときに、どうやって充実するんですかって思うかもしれない。特に病気の場合は、体が思うように動かないしさ。

でもね、**心を満たすのはいつだって自分の思い**だよ。

愛を出していれば、体が不自由になろうがどうしようが、いつだって心は満たされるんだ。

「偽物《にせもの》のいい人」になっちゃダメなんです

ひとりでいる人のなかには、人に嫌われたくないあまり、周りの言動《げんどう》に振り回されやすい人がいます。

ひとりぼっちになるのが嫌で、自分の気持ちを抑《おさ》えて我慢《がまん》ばかりしちゃうんだよね。人の言いなりになることで、いい人になろうとしているっていうか。

こういう人も、やっぱり愛が足りない。特に、**自分への愛が足りない**の。

もし自分がそういうタイプだと思い当たる人は、いちど振り返ってごらん。

間違いなくあなたには笑顔が少ないと思うし、笑っていたとしても、つくり笑顔だったりするんじゃないかな。明るい言葉も、たぶんあまり使ってないよね。

みんなによく思われたいというのは、人間の自然な心理だと思います。

でもそのときに落とし穴みたいなのがあって、それが「偽物のいい人」になろうとすることなんだよ。

本当は嫌だけど、自分さえ我慢すれば丸くおさまるからって相手に合わせたり。

そうすると相手も調子に乗って、あなたをいいように利用しようとする。うまいことを言いながら、面倒《めんどう》なことを押しつけてきたりするの。

いい人になることで周りからの評価を上げたいあなたは、それを断《ことわ》れなくて引き受ける。だけどなんだかモヤモヤするわけです。

これで本当に、あなたはいい人になっていると言えるだろうか?

いい人って、一歩間違えると相手になめられちゃうんです。そこに自己犠牲《ぎせい》の要素があると、たちまち偽物のいい人になっちゃうの。

本当のいい人とは、愛のある人を指します。自分にも人にも、愛がある。

周りに流されたり、人の言いなりになったりするのは、まず自分に愛がないでしょ？　だから、偽物のいい人になっちゃうんだよ。

そしてその原因は、ありのままの自分をゆるせないからだと思います。

自分の価値を認められないから、自分が我慢することで周りに満足してもらおうとするんだね。相手に受け入れてもらうには、自分の感情を抑《おさ》えて、我慢するしかないと思い込んでいる。

自覚《じかく》はないかもしれないけど、心のどこかに、「ダメな私が自分の気持ちを通していいはずがない」みたいな自分否定《ひてい》があるんじゃないかな。

そんな生き方をしていても、幸せにはなれないよ。

いくら周りに人がいても、孤独を感じると思います。

孤独から抜け出すには、そのままの自分を愛することしかありません。

どんな自分でもゆるして受け入れ、可愛がることでしか、孤独とは縁が切れないいん

だよね。

みんなに好かれたいんだったら、笑顔と明るい言葉で、愛の波動を出しな。


でね、これが不思議なんだけど。

愛のある魅力的な人ってさ、自分が相手に合わせなくても、なぜか相手が合わせてくれるんだよ。しかも、相手もそのことを不快に思わない。

あなたのことが大好きだから、あなたに喜ばれることで相手もうれしいの。

するとあなたの方も相手の心遣《こころづか》いがうれしくて、自分ができることはしてあげたいと思うようになります。

お互いに歩み寄り、最高のバランスで付き合える。

これが、愛のある人同士の、無理のない楽しい付き合い方なんだ。

過去は変えられる。その本当の意味とは？

なぜかいつも、周りから誤解《ごかい》されるという人がいます。自分ではなぜ誤解されるのかわからないけど、誤解されてばかりで孤独だって言うの。

でもね、それには必ず理由があるはず。

一度や二度なら、なにかの行き違いで誤解されることもあるだろうけど、度重《たびかさ》なる場合は、やっぱり原因があるんだよ。

みんなが見て「これは黒だ」と言うものは、誰がどう見ても黒なの。自分では白いつもりかもしれないけど、黒に見えるものがあるから、みんな黒だと言うんです。

本当に白ければ、周りじゅうが黒だと言うわけがないよ。

自分ではやさしいつもりなのに、なぜか周りからいつもキツい人だと思われる。

だとしたらそれは間違いなく、あなたの言葉や表情がキツいんです。なにかキツいと感じる部分があるから、そう言われるの。

それで**孤立して寂しいんだったら、周りのせいにしてないで、自分を変えるしかないよ。**いまのあなたは周りの目にキツく映ってるわけだから、そこを変えない限り、どこまでいっても印象はよくなりません。

で、具体的に自分のどこがいけないのか考え出すと難しい話になっちゃうし、ややこしいよね。

だからこそ、愛を出せばいいんです。**細かいことはいいから、とにかく笑顔で明るい言葉を使ってごらん。**

愛が出てくると、人の嫌がることは自然に避《さ》けられるの。自分でいちいち意識しなくても、孤立する原因がなくなるから、問題の根っこから解決するよね。

ほかにも、いまの例とはまったく次元が違うように見えるかもしれないけど、たとえばイジメに遭《あ》ったことで自分にも人にも強い不信感を抱き、それで孤独になっちゃった人とかも同じなんです。

もちろん、イジメに遭うのは自分に理由があるっていう意味ではありません。イジメは、加害者が１００％悪い。

もし**現在進行形であなたがイジメに遭っているのなら、自分を守るために、いますぐ逃げなきゃダメ**だよ。逃げるのは当たり前で、それは負けでもなんでもないからね。

だけど、過去に受けたイジメのせいでいまも孤独な世界にいる場合は、愛を思い出すしかないんです。

よく、「人生は何度でもやり直しできる」って言うでしょ？　あれはね、ちょっと正しくない。人生は、やり直しなんてできないんだよ。

ただ、**過去は変えられます**。

なにが違うんですかって言うと、起きた事実はどうやっても変えられないけど、思いを変えることで過去の記憶《きおく》は変えられる、という意味なんです。

過去の記憶って、自分の思いがつくっているんだよ。起きた事実は変えようがないけど、それを愛のある明るい記憶にするのか、それとも悲惨《ひさん》で暗い記憶のままで置いておくのか、そこの違いなの。

いま孤独感でいっぱいなのは、過去にいじめられた記憶を、苦しいだけのものとして受け止めているからなんだよね。いじめられて悔《くや》しい、いじめたやつが憎《にく》いっていう思いばかりにとらわれていると、自分の波動はますます苦しいものになるだけなの。

でもね、ちょっと別の場所に目を向けてみたらどうだろう。イジメに遭っていた当時は見えなかったかもしれないけど、もしかしたら、あなたの周りにはいい人もいたんじゃないかな？　その人たちの顔を思い出してみな。

そしたら、つらいだけだった過去の記憶に、愛の記憶が加わるよね。100のうち、1個でも2個でも愛が入ってくると、記憶は全然違うものになっちゃうの。

事実は変わらない。だけど、どこを見るかで、過去はいくらでも変えられます。

これが一人さんの言う、「過去は変えられる」の本当の意味だよ。

愛の波動で暗い気持ちを飲み込んじゃいな

孤独なときは、深刻《しんこく》になったり難しいことを考えず、笑顔で明るい言葉を使うのがいちばんです。

天国言葉を毎日1000回言えば、人生なんて簡単に変わっちゃうんだよね。

言葉が変われば、あなたは必ず笑顔になる。

笑顔になれば、周りに集まってくるのがいい人ばかりになって、寂しいと思うことがなくなるの。

はじめは心がついてこなくて、泣きながら「楽しい」「ツイてる」とか言っててもいい。そのうちに、本当に楽しいと思えることが起きてくるから。

ところがみんな、そういう変化が起きる前にやめちゃうんだよ。

天国言葉をちょろっと言ってみて、大した変化が起きないと「やっぱり効果がありません」とかってすぐ諦《あきら》める。

いままで大勢の人がそれで変わっていく様子を見てきた一人さんが、「絶対変わる」と太鼓判《たいこばん》を押しているんです。変わるまでやってみたらいいのにって思うよ。

天国言葉を言うのにお金はかからないし、特別な労力も必要ない。あなたが損《そん》をすることはありません。

タダで、しかも私の見立てでは100％の確率で変わるんだから、こんなオトクな話はないと思うけどね（笑）。

天国言葉で笑顔になれば、そのままの自分をゆるせるようになるんです。「私って可愛いな」「俺、なかなかやるじゃん」とかって自信も出てくるんだよ。

そしたらさ、いい仲間とか、彼女（彼氏）までできちゃって、毎日ウキウキしてしょうがなくなるんです。

楽しい趣味《しゅみ》もできて、人生がすっごく充実してくる。

こういう幸せそうな人が、仕事で苦労してるところとか想像できるかい？　孤独に泣く姿も、家のなかで孤立してるのも、まったく似合わないよね。

人生って、そういう印象通りになるんです。印象というのは、その人の持つ波動がイメージとして現れるものだから。


愛を出せば、仕事も家庭もうまくいく。収入だって増えてくる。

ひとりでいても、ひとりを思いっきり楽しめる明るい人生になります。

暗い気持ちなんて、明るい波動で飲み込んじゃえばいいよ。

とにかく、こういうのはやってみるしかない。1か月……いや、1週間でも気愛《きあい》（一人さんは、「気合い」をこう書きます）を入れてやってみれば、一人さんの言ってることの意味がわかると思います。

地獄言葉にさえ愛の波動が宿《やど》るよ

一人さんファンにはやさしい人が多いんだけど、なかには、周りに気を使い過ぎちゃう人がいるんです。ちょっとした会話でも「これを言うと相手が気を悪くしないかな？」とかって疲れてしまう。

こういうのもね、笑顔で明るい言葉を使っていると自然にうまくいくんです。

愛のある人って、なにを言おうが相手は気を悪くしないんだよ。うっかりへんてこりんな言葉を口にしちゃっても、相手はそれを愛で受け止めてくれるの。

一人さんだって、いちいち自分の言葉を神経質に選んでいるわけじゃないんです。

たとえば、ちょっと「おまえ、バカだなぁ～」なんて言うとする。ふつうだったら、相手をイラっとさせそうなものだけど、私の場合、それを言葉通りに受け取る人はいません。

実際には「バカ」という言葉を言うことは、めったにないけどね。

でも言ったときには、相手は、最高の愛として受けとめてくれるの。

なぜかって？

一人さんはいつも愛でいっぱいだからだよ。


私は日ごろから笑顔で明るい言葉しか使わないし、愛の波動がバンバン出ている。どんな言葉にも愛の波動が宿《やど》るから、地獄言葉のような悪い言葉でも、真逆《まぎゃく》の意味になっちゃうの。だから聞いた人は、「愛しています」と言われるのと同じような感覚になるんだ。

実際に一人さんの「バカだなぁ」も、その言葉に心底慰《なぐさ》められて、感極《かんきわ》まって泣いちゃう人までいるの。

同じ言葉でも、愛のある人が言うのと、愛のない人が言うのとでは、受け取る人の印象は天と地ほどの差があるんです。


愛のある人が明るい言葉を使えば、最強の波動に底上げされる。そしてネガティブ

な言葉を使ったとしても、愛の波動で包まれて明るい意味に変わる。

だから、いちいち自分の発言に気をもむことはありません。わかるかい？

それともう1つ。自分が喋《しゃべ》る言葉をいちばん聞いているのは、自分自身です。愛の波動が宿った言葉を人に向けて話していても、相手以上に自分がその波動を浴びている。だから自分の波動も、ますます愛が深まるの。

その反対に、地獄波動の言葉ばかり口に出してると、いくら自分に向けて喋っていなくても、自分で自分に地獄波動を投げつけているのと同じなんです。自分の言葉は絶対に遮断《しゃだん》できないし、いちばん強く刷《す》り込まれる。

地獄波動とか貧乏《びんぼう》波動が、自分のなかに積み重なっていくよね。

ほかの人の悪口を言っていても、悪いことが起きるのはその相手じゃない。誰よりも運気が下がるのは、ずっと地獄言葉を聞き続けている自分なんです。

これはね、本当に怖《こわ》いことだよ。

だからこそ、人にぶつけていいのは愛だけなの。

笑顔とか明るい言葉ならいくらでも人にぶつけたらいいし、そのことで、あなたも相手も幸せになる。お互いに豊かになります。

悩みを抱えているときなんかは、どうしても地獄言葉を言いたくなるだろう。ネガティブな言葉ばかり並べて、愚痴《ぐち》っちゃうこともあるよね。

だけど、そういうときほど笑顔と明るい言葉なんだ。

いくら毒を吐《は》いても、あなた自身が明るい波動にならないと、どんな悩みも解決しません。それどころか、その嫌な波動でますます状況はこじれるだろう。

ちょっとでも笑顔になろうとすれば、笑顔に勢いがついて波動も変わる。たったそれだけで、問題ってあっさり解決しちゃうものだよ。

自分で自分を満たせば承認欲求《しょうにんよっきゅう》は出てこない

愛があれば、友達だろうが恋人だろうが、心から信頼できる相手に出会えます。

愛は信頼でもあるから、自分が愛を出していれば、やっぱり信頼できる人が集まってくるんだよね。

そうすると、自分のことを認めてほしいとかっていう承認欲求なんかもなくなる。

世間には、人から認められたい、褒《ほ》められたい、尊敬されたい……みたいな承認欲求の塊《かたまり》みたいな人もいるけど、そういう人はやっぱり顔がいけない（笑）。

いや、顔のつくりがどうだと言ってるわけじゃないんです。

自分否定だらけの、不平不満や愚痴《ぐち》の波動が顔からにじみ出ているってことだよ。

それから、承認欲求の強い人が喋《しゃべ》ってるのを聞いてみな。

使う言葉が乱暴だったり、なにかと暗い言葉を口にしたり、ジメっとした覇気《はき》のない感じだったりで、愛が感じられないと思います。

こういう人だから、承認欲求が出てきちゃうんだよね。過剰《かじょう》な承認欲求で、がんじがらめになっちゃってるの。

承認欲求の強い人が、笑顔と明るい言葉を使いはじめると、人にマウントを取ったり、見栄《みえ》を張ったり、自慢したりっていう承認欲求がどんどん消えていきます。

愛が出てきたら、まず自分を否定する考えがなくなるの。どんな自分でも、最高だと思えるんだよ。

自分で自分を認められたら、誰かに承認してもらわなくたって、自分に価値を感じられるよね。だから威張《いば》る必要もなければ、人に認められたいとも思わなくなる。

その証拠に、一人さんを見てごらんよ。

誰よりも自分を認めて褒《ほ》めまくっているから、ほかの人に賞賛《しょうさん》してもらいたいとか考えたこともない。

いつも自分で自分を大絶賛《ぜっさん》してて、それだけでもうお腹《なか》いっぱいなの（笑）。

自分で自分を満たせば、人に満たしてもらいたいとは思わないんだ。

なかには、一人さんは成功者だし、みんなに好かれてるから承認欲求がないんでしょって思う人がいるかもしれない。

でも私は、このスタンスは子どものときからずっと変わらないよ。大人になって、成功したから自分が好きになったとかじゃないんです。

というか、生まれてこのかた自分否定というものをしたことがないからこそ、納税王という成功や、最高に信頼できる愛のある仲間たちにも恵まれた。

私はそう思っています。

孤独が糧《かて》になるわけがありません

孤独感の強さを自分の武器にする方法とか、孤独を味方にする方法はありませんかって聞く人がいるんだけど、孤独は武器にも味方にもならないの。

孤独というのは、自分の意志でなるものではありません。なにか原因があって、そのことに気づけないでいるから孤独なんだよね。

人に嫌われて孤独になっているのに、それを武器にするって、考えてみたらおかしな話でしょ？

人に嫌われているという事実は、逆立《さかだ》ちしたって役に立たないよ（笑）。


なにか武器になるものを身につけたいんだったら、孤独な自分のまま、なにかをこねくり回すのではなく、孤独の壁を打ち破るしかありません。

最強の武器は、幸せな自分だからね。

愛の波動だけが、自分を助ける味方になるんだ。


それと、もし身近な人が孤独に悩んでいたとしても、あなただけは明るい光を忘れないことだよ。相手を気の毒に思ったりすると、あなたの波動まで落ちちゃうの。

2人して波動を落としてたんじゃ、ますます落ち込むだけでしょ？

こういう場合は、あなただけでも笑うの。「今日も暗くまとめてるね」とかって、明るく笑い飛ばしな（笑）。

あとは、この本の第4章にしおりでも挟んで（読んでもらえばその意味がわかると思います）、相手に渡してあげるとかさ。

とにかく、あなたはいつでも愛の波動でいること。

人の暗い波動に振り回されちゃダメなんです。

前にね、ある人がこんなことを言ったんです。

「孤独を感じたぶん、やさしくなれるっていうのは本当ですか？」

ひとりの寂《さび》しさを経験すると、同じような思いを抱えている人の気持ちがわかるからやさしくなれる。孤独が糧《かて》になる。みたいなことを言いたいんだと思うけど……ごめんね、それはハッキリ言って慰《なぐさ》めだと思います（笑）。

いま耐え難い孤独を抱えている人には、「孤独を経験したことには価値があるよ」って言うしかないじゃない。孤独な人を慰めるために、少しでも元気が出るようにっていうやさしさでそういう言い方をした人がいただけで、本当は逆なの。

孤独なんて感じないのがいちばんなんです。

だって孤独が糧になるんだとしたら、孤独を経験したことのない一人さんは、誰よりも人の気持ちがわからない嫌なやつじゃなきゃおかしいでしょ？（笑）だけどそうじゃない。

手前味噌《てまえみそ》になっちゃうけど、一人さんは、自分ほど愛のある人間はいないと思っています。それぐらい、愛を大事にしているんだよ。

孤独を感じたからって、人の痛みがわかるわけじゃない。

孤独なのはやさしくないのが原因なんだから、やさしさを持ちたいんだったら、愛を出すしかないんです。

ということを理解しなきゃ、いつまでも根本的な問題は解決しないままなの。孤独から抜け出そうとしても、それじゃ難しいよね。

笑顔で、明るい言葉を使いな。

愛のある言葉を喋《しゃべ》ることが、孤独を撃退《げきたい》するの。

愛のある人のところには、黙っていても勝手に人が集まってくる。しかも、同じように愛のある人ばかりが集まってくるんです。

愛のある明るい人は、同じような明るい人とウマが合うし、意地の悪い人とか暗い人は、やっぱりそういう相手と仲間になる。

明るい人と暗い人は、なにがどう転んでも一緒にいられません。

理屈じゃない。それが神様のつくった、この世の決まりごとなんだ。

COLUMN

どんな話でも面白《おもしろ》くできるのが愛のある人

一人さんって、よく不思議な話をするんです。神様や魂《たましい》、宇宙、それからエネルギーの話やなんかもそうなんだけど。で、世間ではこういう話題になると、「眉唾《まゆつば》ものだ」とかって、はなから疑ってかかる人もいるよね。

それについては、いいも悪いもありません。考え方や好みがそれぞれ違うのは自然なことだし、不思議な話を信じる信じないも自由でいいの。

ただ、私にとってはまったく不思議じゃないし、当たり前の感覚なんだよね。

これは不思議な話に限らないんだけど、一人さんは、ワクワクする楽しいことや、心を豊かにしたり、人生の彩《いろど》りとなったりするものには、なんだって興味があるんです。やる前からあれこれ考えないし、先入観なく取り入れてみたい。挑戦もしたい。

ようは、面白いものは全部ウエルカムってことなの。

なにが言いたいんですかって、どんな話でも面白くできますかってことなの。話の面白い人は、最高に魅力的なんだよね。

たまに「私は不思議な世界が好きですが、〝あの人、変わってるよね〟などと陰口《かげぐち》を言われることがあり寂《さび》しいです。不思議な世界については、あまり話題に出さない方がいいのでしょうか？」ってモヤモヤしてる人がいるんだけど、それは不思議な話が原因じゃないんです。

不思議な世界については賛否両論あるけど、だからって不思議な話が悪いなんてことはない。不思議な話が好きな人もたくさんいるし、テレビやYouTubeでも、そういう番組はすごい人気でしょ？

じゃあ、なにがいけないのか。言いにくいけど、あなたが不思議な話をしても、聞いてる人は面白くないんだと思います（笑）。

そもそも、**相手の好みを考えながら話をしているだろうかって考えた方がいいよね。**

目の前の人があなたの話を聞いて、いかにも興味《きょうみ》なさそうに「ふぅ〜ん」「へぇ〜」みたいな生返事《なまへんじ》しかしてないのに、おかまいなしに話し続けていないだろうか。

相手は、生返事をすることで「その話題は好きじゃないよ」と知らせてくれているのに、それに気づかないって、ちょっと鈍感《どんかん》かもわかんない（笑）。

簡単に言うと、愛が足りないんだよね。

自分に愛があれば、相手が楽しそうにしてるかどうかなんてすぐわかるの。

で、一人さんもうちのお弟子《でし》さんたちもみんなそうなんだけど、愛のある人って、いくら自分が好きなことでも、それが苦手《にがて》な人には絶対に強制しないんだよ。

興味のない話題を振り続けることもしないし、不思議な話にしても、そういうのが好きな人しかいない場で楽しむ。

そんなふうに**場の空気が読める人は好かれる**から、陰口をたたかれることもないんです。

そして、これもまさに不思議な話で。

愛のある人には、神様が面白い言葉とか楽しい知恵をいっぱい降ろしてくれるの。

そうするとどんな話題だろうが、その人が喋《しゃべ》るとなぜか面白くなるっていう現象が起きちゃうんだよね。

同じ内容について話しても、一人さんとあなたとではまったく別の話をしてるみたく感じるのは、実は愛の深さに関係している。

面白さって、頭のよさに比例するわけじゃないんです。もちろん、愛があってなおかつ頭のいい人は、そのぶん話もわかりやすいし面白いと思います。

だけど、頭がいいだけじゃしょうがない。

愛が足りない人の話って、聞いてるとなにか上から目線に感じたりするんだよ。言ってることは正しくても、人の心に寄り添ってなくて、違和感があったり的外《まとはず》れだったりする。

その点、愛のある人は、喋ってる先から神様が「話が面白くなるタネ」みたいなものをじゃんじゃんくれるの。そうすると立て板に水だし、内容もすっごく面白くなって賢《かしこ》く見える。

こういう人は最高に魅力的でしょ？　だから、みんなに好かれるんだ。

第4章

一人さん流、ふとどき不埒《ふらち》に生きる道

すべては「彼女40人説」で解決する（笑）

ひとりでいることが好きな人、ひとりだと孤独でたまらない人のなにが違うのかと言うと、単純に気質《きしつ》の問題ということもあるけど、**過去世《かこせ》からの因果《いんが》が関係しているってこともあるん**です。あくまでも、可能性の話だよ。

たとえば、子どもが欲しいのにできなくてつらい人がいるとします。

こういう場合、子どもを生むというこだわりを手放すのが、その人が過去世から持ってきた課題ということもあるんだよね。前世《ぜんせ》とかその前の人生で、子どもにまつわるなにかをやり残してきたから、それを今世《こんせ》で回収することになっているとか。

なのに因果の解消ができずにいると、モヤモヤして波動も上がらない。子どものことに限らず、人生全般がどんよりしちゃうわけです。

それを、「子どもがいなくても明るく生きるぞ」って学んで自分らしい道へ進み出した途端《とたん》、仕事も人間関係も全部うまくいくようになる。

課題については人それぞれ違うから、自分で考え、探すしかありません。

でもね、**答えが間違っているとパッとしない毎日が続く**から、すぐわかります。

学んだつもりでいても、なぜか嫌なことが起きる。なかなか気分が晴れない。そういう場合は、まだ自分が持ってきた課題とうまく向き合えてないサインなの。

だから、起きた出来事をいろんな角度から見てみたらいい。必ず、あなたに必要な真の学びがあるはずだから。

それでズバリ自分の課題に命中《めいちゅう》すると、明らかに運がよくなるから、「私はこれを学びたかったんだ」ってすぐわかります。

一人さんの場合は、その学びが「彼女40人説」に集約されているんです（笑）。

私の信条は「ふとどき不埒《ふらち》」で、真面目《まじめ》や立派は禁止（笑）。常識や倫理《りんり》にとらわれない、自由な発想こそが人生を輝かせるという大前提で生きているから、これは一人さんと切っても切れないテーマなんです。

この章ではそのあたりの話を存分にしたいので、不真面目な話が苦手《にがて》な人は、この章は飛ばしていただいても大丈夫ですからね（笑）。

それと、いまからお伝えするのは一人さんの我流で、世の中で広く認められている常識とはかけ離れた提案ばかりです。なので、私のアドバイスを楽しめる人だけに参考にしてもらえたらいいですよ。

自分に取り入れるかどうか、そして取り入れた結果起きることについては、自己責任でお願いしますね（笑）。

では早速、不真面目な持論を展開します（笑）。準備はいいですか？


まず大事なことですが、一人さんにとって、人生を豊かにしてくれるのはいつだって女性です（笑）。女性はみんな女神《めがみ》や菩薩《ぼさつ》だと思っている私は、女性が大好きなの。

性格がねじ曲がってるのは困るけど、基本的には、見た目も年齢も関係なく、どんな女性も本当に可愛いと思っているんだよね。

そんな一人さんだから、たとえ困ったことが起きても、「俺には彼女が40人いるからな」っていう楽しい考えだけで、全部吹き飛ばせちゃうんです。

この世界のあらゆる問題は、彼女40人説で解決する（笑）。いや、本当なの。

だから私は、人に相談ごとを持ちかけられると、「彼女（彼氏）をいっぱいつくりな」って答えてしまう（笑）。だって一人さんにとってはそれがいちばん手っ取り早いし、ほかのどんな手段よりも簡単で効果的だから。

一人さんに質問するということは、私の独自の意見を聞きたいということでしょ？　少なくとも私はそう理解しているから、世間の常識や倫理観ではアドバイスしません。一人さん流の答えを求めているんだったら、これぐらいのジョークは楽しめるようになってもらわないと（笑）。

ようはね、**みんな「ああしなきゃダメ」「こうじゃなきゃいけない」っていう、凝《こ》り固まった考えが強すぎる**んだよ。恋人を何人もつくっちゃいけないとか、奥さんひと筋が当たり前だとか、常識論でいっぱいになっている。

もちろん、複数の奥さんをつくるのは法律的にダメですよ。

だけど現実にそれができそうな人は、こっそりやればいい（笑）。奥さんや彼女（旦那《だんな》や彼氏）がそれに100％同意しているんだったら誰も傷つかないし、なんの問題もないと思います（笑）。

あなたの問題は真面目《まじめ》すぎる観念《かんねん》だよ

さっきの子どもの話でも、恋人が40人いれば「子どもが欲しいのにできない」とかって執着《しゅうちゃく》することはないんです。

というか、それだけ恋人がいたら親を認定するのがややこしいから（笑）、むしろ子どもがいない方が都合《つごう》がいいってこともあるかもわかんない。

楽しいうえに、悩みの種ごとどっかいっちゃうの。

それを常識ばかり気にして、世間体《せけんてい》や周りの目を基準にするからおかしくなる。そんな重い考えでいても波動は下がるだけだし、人生がうまくいかないのは当たり前だよね。


子どもがいなくて寂しい人も、独身で孤独を感じている人も、みんな恋人をつくったらいい。それもチマチマ1人や2人じゃなく、思い切って大勢つくりな(笑)。

ちょっと恋人をつくったぐらいじゃ、時間的にも体力的にもゆとりがありすぎて、すぐにまた寂しいってはじまっちゃうからね。

もちろん、恋人が欲しくない人は、気の合う仲間をつくればいいよ。

一人さんの場合は彼女の方がいいけど(笑)、それをみんなにも強制するわけじゃないからね。**あなたと相手が幸せな気持ちになるんだったら、一緒にいるのは、どんな相手でもいいいんだ。**

いいかい、「大勢と付き合うなんて不謹慎《ふきんしん》だ！」とか言ってるあなたの最大の問題は、その「世間の常識こそ正義」という真面目すぎる観念なんです。真面目で誠実で立派って、こんなに息苦しいものはありません。

法に触れたり、誰かを傷つけちゃいけないのは、言うまでもない大前提であり、人間として当たり前なの。そういうルール破りをしちゃうと、逮捕《たいほ》されたり、人の恨《うら》みを買ったりして、結果的に自分が傷つくでしょ？　あなたがいちばん損《そん》をする。

自分が幸せにならないことは、絶対にしちゃダメなの。でもそこに抵触《ていしょく》しないいんだったら、いちいち自分に制限をかける必要はないと思うよ。

でね、**現実の世界で恋人をいっぱいつくることに自信がない人は、頭のなかだけで、ふとどき不埒な妄想《もうそう》をすればいい（笑）。**

パートナーが自由な恋愛に難色を示すケースも多いと思うし、それでもあなたがその相手と一緒にいたいんだったら、密《ひそ》かに空想の世界で遊べばいいだけだよね。頭のなかで恋人を40人つくるだけでも、相当楽しいよ。

あなたの考え方とか、妄想の中身までは法律や常識で縛《しば》れません。だから安心して、妄想に励んでください（笑）。

あなたが笑顔だと、パートナーだって幸せなの。

それを、空想だけでも不謹慎だとかって心を解放してあげないから、窮屈《きゅうくつ》で不満が溜まる。だんだん顔が怖《こわ》くなり、言うことだってキツくなるんだよね。

そんな人が周りに好かれるわけがない。

けっきょく、大切にしたかったパートナーまで失っちゃったりして、本末転倒《ほんまつてんとう》だよ。

魅力《みりょく》があるから大勢に好かれる

恋愛に本気になれず、相手がしょっちゅう変わる。いちどに複数の人と交際している。結婚と離婚を繰り返している。

そんな人がいると、世間的にはたいてい辛辣《しんらつ》な意見が出ると思います。「こらえ性《しょう》がないですね」「どうせまたすぐに別れるんでしょ？」みたいな嫌味《いやみ》を言われたり。

一人さんはそういうのを、本当に大きなお世話だと思うんです。外野がとやかく言うことじゃないんだよね。

本人が「ひとりの相手とだけ付き合いたいけど、それができない」「離婚したくないのに、いつもうまくいかない」とか悩んでいて、それに対するアドバイスを求めているんだったら、周りが意見するのもわからなくはない（それでも嫌味はダメだけど）。

それを、本人や相手が納得《なっとく》して楽しんでいることまで四の五の言うんだよ。

一人さん的には、次々に恋人ができるって、その人にすごい魅力《みりょく》があるんだと思います。

やさしくて思いやりがあるとか、話が面白いとか。なにかしら、複数の人から好きになってもらえるだけの魅力があるからモテるわけです。

それってつまり、愛があるということなの。

愛を出してると、嫌でも大勢から好かれちゃうんだよね。これはもう、相手が勝手に寄ってくるんだからしょうがない（笑）。

その反対に、愛のない魅力に欠けた人は、たったひとりですら付き合ってくれないよ。悪いけど、そんなんじゃ奥さん（旦那《だんな》）から見ても魅力はないだろうね（笑）。

魅力のない相手とは、誰だって心を通わせたいとは思いません。だから、家族がいても孤独になっちゃうんだよ。

あなたに魅力があれば、パートナーだって放っておかないの。こんな魅力のある旦那（奥さん）を手放してなるものかって、絶対あなたを大事にするよ。

それで声を大にして言いたいのは、世の中には、魅力がなんであるかを勘違《かんちが》いしている人が多すぎる。みんな、真面目で誠実な人に魅力があるものだと思い込んでいるけど、それ大間違いだからね。

いや、真面目や誠実って素晴らしいよ。だけどそれだけじゃ、まったく面白みがなくてつまらないの。

正解は、「彼女（彼氏）が40人いる、真面目で誠実な人」なんです（笑）。

こういう最高の魅力を身につけるには、笑顔で明るい言葉を使いながら、立派の殻《から》を脱ぎ捨てることです。

世間の常識はぶち破って、もっと不真面目に生きましょう（笑）。

ちなみに、一人さんが「彼女40人説」だよって言うと、それを生涯《しょうがい》の「のべ人数」だと勘違いする人がいるんです。

違うよ。いっぺんに、最低でも40人と付き合うという話なんです。

そんな高度なことはできませんって思うかもしれないけど、地球には80億人もの人がいる。そのなかでたった40人の恋人もつくれないなんて、私にしてみれば、そっちの方がおかしい（笑）。

恋人が40人いれば、こんなに楽しいことはありません。

この楽しさを知っちゃうと、もうひとりに絞《しぼ》ることはできなくなるだろうね（笑）。

ハズレ馬券は100年経《た》ってもハズレ

神様は、ひとりの相手と長く付き合うのが正しいとか、間違っているとか、そんなことはいっさい言いません。ひとりの相手と長く付き合いたい人はそうすればいいし、長く付き合うことに苦痛を感じる場合は、いくら相手を変えようが自由です。

愛を前提にした行動なら、好きなように生きていいの。

それなのに、ひとりと長く付き合える人の方が上で、そうじゃない人は人間的に未《み》熟《じゅく》みたいな、なんかへんてこりんな常識がある。こんなにおかしな話はないよね。

顔も見たくないほど嫌な相手なのに、我慢《がまん》して仮面夫婦としてでも添《そ》い遂《と》げるのが、本当に正しいだろうか？　どう考えても、別れた方がお互いのためだよね。

相手が嫌なら、離婚するしかない。ひとりになればいい人と出会えるかもしれないけど、別れないで我慢していると、そういう幸せの芽まで摘《つ》んじゃうの。言っちゃ悪いけど、一緒に暮らしながら相手に嫌な思いばかりさせるようなやつはハズレだよ。競馬《けいば》だってさ、ハズレ馬券をずっと持っていても、それが万馬券に変わることはないでしょ？　１００年経《た》ったって、ハズレはハズレ（笑）。

人生は短いんだから、さっさと大当たりを見つけなきゃ。ハズレを捨てる覚悟も必要なんです。

場合によっては、別れた後に相手のいいところばかり思い出されて、復縁したくなる人がいるかもしれません。それとか、別れたパートナーが幸せになっているのを見て、嫉妬《しっと》で腹が立つとか。

こういう人に足りないのも、新しい恋人なんです。それも、大勢のね（笑）。

ひとりにこだわるから、そうやって執着するんだよ。数が少なすぎるからいつまでも未練《みれん》が残るし、腹を立てることにもなるの。

いっぺんに大勢と付き合ってみなよ。それで自分が満たされてハッピーなら、別れた相手のことなんか引きずりようがないから。

元パートナーが幸せにしてたら、嫉妬どころか喜んであげられるよ。


そんなことを言われても出会いがないって言うのは、単なる言い訳です（笑）。出会いの数の問題じゃなく、魅力がなくてモテないだけ（笑）。

あなたの魅力が爆発《ばくはつ》していたら、みんな絶対に放っておかないよ。どんな遠くからでも、噂《うわさ》を聞きつけて人がやってくる。

それも、愛のある最高の人ばっかり来てくれるんだよね。

別れた相手を思い出して気分悪くしてる暇《ひま》があるんだったら、**天国言葉でも言ってみな。笑顔で職場に行くの。おしゃれして出かけてごらん。**

それで間違いなく恋人や仲間がいっぱいできるし、そうなれば、別れた相手なんて大していい男（女）じゃなかったなとわかるんじゃないかな（笑）。

真面目で誠実なホストなんて楽しくないよ

よく、女性は真面目な男性が好きだと言われます。それを真《ま》に受けて、「私は真面目に生きてきましたが、まったく彼女ができません」とかって悩む人がいるの。

あのね、女性が真面目な男を好きなわけがない（笑）。一人さんが見たところ、ほとんどの女性は女たらしが好きなんです（笑）。

と言うと、女性陣から「いいえ、私は真面目な人がいいです」という反論があるかもしれないけど、そういう人に限って、結婚すると文句ばっかり言うんだよ。だって考えてみなよ、真面目で堅物《かたぶつ》な旦那と暮らしてて面白いはずがないじゃない（笑）。

ウソだと思ったら、真面目で誠実な人を集めてホストクラブでもやってみな。たちまちつぶれちゃうから（笑）。そんなホストクラブは、誰も求めていない。

女性はみんな、真面目で誠実なだけの人は嫌なんです。それが本当だから、騙《だま》されちゃいけないよ。

ただし、単なる女たらしでもしょうがないからね（笑）。

魅力とは、真面目なのと、ふとどき不埒なのと、両方がなきゃいけない。

実際に一人さんは相当ふとどき不埒だけど、それだけじゃないよ。こう見えて、根はすっごく真面目なんです。

だから彼女だっていっぱいできるし、愛のある人に囲まれて、納税日本一にまでなれたんだ。

ところが、なぜか世の女性たちは、「ふとどき不埒な人が好き」という部分を隠《かく》したがる（笑）。女性はどうして、真面目な人がいちばんだと言うのか。

それは、こういうことなんです。

あの男性は素敵《すてき》ですよ、すごくいい人ですよって誰かに紹介するとき、その人が面倒を起こすと厄介《やっかい》なの。

紹介した男が女たらしだと、「ヘンなのを紹介された」「男を見る目がない」とかって、自分の信用にかかわるでしょ？

それじゃ困るから、自分以外の人には、とにかく真面目な人をおススメするわけ。

で、人には面白みのない男を紹介しながら、自分はふとどき不埒な楽しい相手と付き合うっていう（笑）。まぁ、そういうところも女性の可愛いところなんだけど。

でもね、そういう女性の心理をわかってなくて、「私は真面目ひと筋なのにモテません」とかって、そりゃそうだよねって（笑）。

ふとどき不埒で、なおかつ真面目。そんな魅力を身につけたら、誰でも急にモテはじめるんです。ついに、あなたにも我が世の春がやってくる（笑）。

天国の旦那《だんな》には女子高生の彼女がいる（笑）

前にね、はなゑちゃん（弟子《でし》の舛岡《ますおか》はなゑさん）からすごく面白い話を聞いたの。

ある女性が、不思議な能力のある人に「夫が亡くなって1年以上経ちますが、まだ悲しみが癒《い》えずつらいです。彼はいまごろ、天国でなにをしていますか？」ってたずねたんだって。そしたら、なんて返ってきたと思う？

「もうあちらの世界で、別の魂《たましい》と付き合ってますよ」

だって（笑）。それでもう、ご本人含めみんな大笑いだったんだけど。


この話を聞いて、一人さんも「その通りだろうなぁ」って思ったんです。

天国って、この世界よりはるかに自由なところなんだよ。時間や距離の概念《がいねん》もないし、魂は瞬間移動みたくあちこち飛び回れます。

と思うと、亡くなった旦那は、全国の女子高生と付き合ってるかもわかんない（笑）。

だとしたら、こっちで泣き暮らしてるのがバカバカしくなるよね。

亡くなった人は、会いたくても会えない相手です。それだけに、残された人は寂しさが募《つの》り、孤独に飲み込まれることがあっても仕方がないと思います。ただ、勘違いはやめた方がいいよね。

なにが勘違いなんですかって言うと、多くの人は、「亡くなった人もきっと、自分と同じようにあの世で寂しがっているはずだ」と信じているの。

そうじゃないんです。

亡くなった人の魂って、生きている私たちとは感覚がまったく違うよ。

あの世へ戻った魂は、完全に、愛と自由の波動になる。

だから大切なパートナーに対しても、その人の幸せしか願いません。

生前どれほど愛し合っていた2人でも、**亡くなった瞬間、相手はあなたの幸せだけを強烈《きょうれつ》に望みます**。その幸せが、自分以外のパートナーを得ることだとしても、亡くなった魂にはまったく関係ないんだよ。

自分が死んだことで泣き暮らされるより、恋人を40人でもつくってもらった方が、よっぽどうれしいだろうね（笑）。

大切な人を失ってつらいときほど、愛を出して仲間をつくればいい。

彼氏でも彼女でも、いっぱいつくってみな。そしたらデートに忙しくて、孤独なんて言っていられないから（笑）。


この世界はね、いかに楽しく生きるかってことが最重要なんです。


楽しんだ人だけが幸せになる。

天国は、楽しいを極《きわ》めるから「極楽《ごくらく》」なの。

でも極楽って、あの世へ行かなきゃたどり着けないわけじゃないよ。

この世界に生きながらでも、楽しいを極めることはできます。いくらでも、自分のいまいる場所を極楽にできるんだ。

仲間づくりにいちばんいいのは習いごと

笑顔で明るい言葉を使い、愛のある仲間ができると、病気や怪我《けが》みたいなアクシデントに見舞われたときに、すごく心強いんです。お互いに「いざというときは遠慮《えんりょ》なく頼ってね」と言い合える関係ができたら、不安は解消できるよね。

特に、中高年以降はアクシデントも起こりやすくなる年齢だと思います。

それから高齢者の場合は、人との関わりが減ると認知症《にんちしょう》が出やすくなるとも言われるから、気の置けない仲間をつくることが脳の活性化にもつながって、認知症予防にひと役買ったりもする。

年を取ると、愛を出して仲間をつくることがますます大きな意味を持つようになるんです。

愛を出せば、基本的にはなにもしなくたって自然にいい仲間ができるんだけど、より**積極的に仲間づくりをしたい人には、習いごとがオススメ**なの。

たとえば、区民（市民）センターやなんかに行くと、将棋《しょうぎ》や囲碁《いご》、麻雀《マージャン》、ダンス、詩吟《しぎん》……みたいな感じで、いろんな集まりや教室があるでしょ？　そういうのに、ちょっと参加してみたらいいよ。行政主催《しゅさい》なら、参加費も安くて助かるよね。

仲間をつくるには、何人か集まらなきゃできないことをするのが早いの。同じ趣味《しゅみ》を持つ相手は気が合いやすいし、なにより自分が楽しいんです。

それに習いごとをすると、行くところがあるから気持ちに張り合いも出る。おしゃれしようって気にもなるじゃない。

年を取れば、誰だって見た目も衰《おとろ》えるし、体力だって落ちるよね。老いていく自分が悲しくなって、孤独感を膨《ふく》らませてしまう人もいるんです。

だけどおしゃれを楽しみ出すと、ウキウキしてきて考え方が若くなるの。

人は美しいものが好きだけど、**自分自身がきれいになるのがいちばんうれしいんだ**

よね。気持ちにハリが出る。

老け込んだ自分にがっかりしていたのが、おしゃれをして心も見た目も若くなれば、孤独感なんて吹き飛んじゃうよ。

特に女性の場合は、化粧やファッションの幅も広いから、いろんなおしゃれを楽しめばいいと思います。

あとね、**友達をつくるときのポイントとしては、できるだけ自分より若い人と付き合うことです。それも、異性と付き合うのが最高**だね（笑）。

これが、年を取っても元気で楽しくいられる秘訣《ひけつ》なの。

実際に趣味のサークルやコミュニティでは、高齢者が恋をして、大いに盛り上がってるところもあるらしいよ。いくつになっても青春を謳歌《おうか》していて、楽しそうでしょ？

恋人ができると、見える景色まで違ってくる。いつもの道を歩いていても、いままでは気にも留めなかった小さな花に目が向いたりして、すっごく幸せな気持ちになるんだよね。目の前がパッと開ける。

世界じゅうに恋をするお年寄りが増えたら、みんな若返っちゃって、介護《かいご》の必要な人も減るかもしれないね。

世の中の人は浮気に不寛容《ふかんよう》すぎるんだ

戦国武将の織田信長《おだのぶなが》は、容赦《ようしゃ》なく人を殺《あや》める残虐《ざんぎゃく》な性格で知られています。たいていの人は、信長に怖《こわ》いイメージを持っているんだよね。

その信長が、唯一《ゆいいつ》、怒らなかったことがあって。

なにかと言うと、家臣の女性問題に関してはいっさい咎《とが》めなかったの。

信長の家臣のうち、大の女好きと言えば豊臣秀吉《とよとみひでよし》なんだけど。それだけに、妻の寧々《ねね》は、夫の女遊びにほとほと困り果てていたんだよね。

それでとうとう腹に据《す》えかね、あるとき、主君の信長に愚痴《ぐち》をこぼした。

すると信長は、寧々にこんな手紙を送ったんです。

「あなたほど美しく素晴らしい女性は、あのハゲネズミ（秀吉のこと）にはもったいないぐらいだ。正妻として堂々と、嫉妬などなさらずうまくやりなさい」

まず寧々の美しさや器《うつわ》の大きさを褒《ほ》めちぎり、秀吉をハゲネズミとこき下《お》ろしながらも（笑）、「女遊びにはあまり目くじらを立てないでやってくれ」と、さりげなく秀吉をフォローしている。

女遊びのことまで口うるさくしてたら、家臣は誰もついてこないんだよね。それぐらいの自由もゆるさないようじゃ、いくら殿様とはいえ、周りから嫌われて孤立しちゃうの。


ところが一人さんの見る限り、世の中には、信長と正反対の人がいっぱいいる。自分のことも人のことも、なにかにつけ常識で縛《しば》りつける不寛容な人が多いよね。

自分のことならまだしも、まったく関係ない人のことまで責め立てるでしょ？

芸能人でも、ちょっと浮気がバレただけで大騒ぎなんです。なかには、奥さんがゆるしているのに、なぜか世間が黙っていない。あれは本当に気の毒だよね。あんた、なんの関係もないだろって言いたい（笑）。

そりゃあね、彼女が1000人いたのなら、別の意味で騒がれるのはわかる。けど、1人や2人じゃ大したことない。

一人さん的には、まだまだ少なすぎます（笑）。

それと、浮気がバレることに文句を言う人もいるの。浮気するだけでもゆるせないのに、それがバレるのは脇《わき》が甘すぎるって。

あのね、恋人が何人もいたら忙《いそが》しくて、うまくなんてやれないんです（笑）。

それぐらいのことは、周りが気を使って欲しいよね。「あの人は彼女（彼氏）がたくさんいて大変だから、少し協力してやろうよ」とかって、見て見ぬふりをしてもらいたい（笑）。

そもそも、男にはどうしても浮気を抑えられない年頃があるんです。いや、男だけじゃなく女性にもそういうことがあるかもしれないけど。
で、それはいくつぐらいですかって、だいたい15〜97歳あたりです（笑）。だから
この間は、浮気してもゆるしてください（笑）。

念のために言っておきますが、こういう話をしたからと言って、浮気を否定《ひてい》する人がダメだとか、浮気を推奨《すいしょう》するとかってことじゃないよ。感覚の問題なの。
楽しく生きて、満たされた人生にしたいと思ったときに、いちいち常識を振りかざしても息苦しいよね。

そういうことをわかりやすく伝えるために、私は「彼女40人説」みたいなことを例に出しているだけなんです。

一人さんの生き方って、こういう軽くてゆる〜い感覚だよってことが伝わればいいし、それで心を軽くするのが一人さん流の考え方なの。

ということをわかってもらえたら、あなたはもう、一人さんのお弟子さんのなかでもプロ級だね（笑）。

COLUMN

自分だけつらいのが悔《くや》しいから不幸の道に誘《さそ》う

親やお節介《せっかい》なおばさんが、「まだ結婚しないの？」「子どもはつくらないの？」「家族がいないと年を取ってから寂しいよ」とかってうるさく言うことがあります。

それをまともに受けて、「結婚できない自分は半人前だ」「子どもも産めない私に価値はない」とかって、自分否定をはじめてしまう人がいるんだけど。

いいかい、**お節介な人の言うことは、絶対に信じちゃダメ**だよ。

もっともらしいことを言っているようでも、あなたを困らせるようなことを平気で押しつけてくるのは、単なるおためごかしに過ぎないの。

というか余計なお世話をしてくる人って、いま自分が幸せじゃないんだよ。その人自身が、旦那《だんな》（奥さん）とか親戚《しんせき》とか、子どものことで苦労している。それなのに、ほかの人が自由を謳歌《おうか》していて楽しそうだと面白くない。自分だけひどい目に遭《あ》うのは悔しいし、腹が立つから、あんたも苦労を味わってみなって不幸の道に誘い込もうとしているだけなんだ。

だってさ、娘に「結婚しろ」と口うるさい親に、「じゃあ、お母さん（お父さん）がもう1回結婚したら？」なんて勧《すす》めると、怒り出すんだよね。結婚を強要する親に限って、二度と結婚はしたくないと言う。すごい矛盾《むじゅん》なの（笑）。

あなた、自分がそんなに嫌なことを我が子には強制するんですかって話だよ。

コロナ禍《か》では、外出を制限されたりしてひとりの時間が増えたという人が多く、孤立感から鬱《うつ》状態になったケースもあるそうです。そういう背景もあり、余《よ》計《けい》に周りが結婚を勧めるって言うんだけど。

一人さんに言わせると、コロナがなぜ結婚という話に結びつくのかわかりません。

結婚より先にすべきは、笑顔と明るい言葉を出すことでしょ？

愛を出しもしないで結婚したって、そんなのうまくいきっこないよ。

結婚したらしたで、また孤独を感じることになるだけです。

愛を出せば、あったかい仲間ができて寂しさなんか感じなくなる。

そのあったかい波動がいい人を引き寄せるから、結婚してもうまくいくんだよ。もちろん、独身のままでも幸せ。

みんな、考え方が逆なの。

結婚するから、孤独から抜け出せるのではありません。

愛を出して満たされるから、穏《おだ》やかないい家庭が築けるんだ。

第5章

たった一つがわかれば全部うまくいく

親の務《つと》めは、じゃんじゃんバリバリ遊ぶこと

ある女性から、こんな質問を受けたんです。

「反抗期の息子が父親と険悪《けんあく》で、取っ組み合いの喧嘩《けんか》になることもあります。2回ほど、警察《けいさつ》のお世話にもなりました。こういう場合、母親はどう対処《たいしょ》すべきですか？」

ということで早速お答えするのですが、2人とも元気だな〜（笑）。

あのね、**家族っていうのは殺し合いにならなきゃ上出来なんです。家族が元気で生きていれば、それは仲良しと言う**（笑）。

反抗期の親子喧嘩で警察にお世話になるぐらい、どうってことないよ。息子さんが大人《おとな》になれば、単なる笑い話になっちゃうから。

そう思って深刻《しんこく》にならないことです。

それと、お母さんって家庭の太陽なんです。

家のなかで女性が笑っていたら、それだけで明るい波動になる。大変な問題なんか起きようがないの。

どんなひどい反抗期でも、お母さんが笑っている家の子は、絶対に道を踏み外《はず》しません。そのうち落ち着くから心配ないよ。

という意味では、**お母さんがやるべきなのは、おしゃれしてどんどん出かけることです。趣味でも仕事でも思う存分楽しんで、自分が笑顔になりな。**それこそ、彼氏をつくってもいい（笑）。

お母さんが遊びに夢中で楽しい波動になれば、家のなかの波動も必ず変わります。

お母さんが大笑いしながらじゃんじゃんバリバリ遊んでると、旦那も息子もつられて笑うんだよ。

それを、息子が反抗期だから出かけてる場合じゃないとかって家に閉じこもってるからいけない。それではお母さんがじめっとした波動になって、ますますひどい反抗を招くだけなんだ。

そもそも、反抗期はあったほうがいいんです。反抗期なのに、親の前で反抗的な態度ができないことの方が大問題なの。

親から見て大人しく見える子は、だいたい我慢《がまん》してるものだからね。

子どもに我慢ばかりさせて、「クソババァ（クソジジィ）」すら言えないでいると、いずれ爆発《ばくはつ》します。我慢に耐え切れず、ぶつっと壊《こわ》れちゃう。

これが俗に言う「キレる」ってやつで、ひどいときは、それが傷害《しょうがい》事件や殺人事件にまで発展するんだよ。

こういうことを知らない親御《おやご》さんは、子どもが暴《あば》れると「大人しかった子が、急に凶暴《きょうぼう》になりました。どうしたんでしょうか？」とかって言うけど、急な話じゃない。本人は、ずっとずっと我慢させられてきたんです。

そこを理解して、ちゃんとガス抜きをさせてあげなきゃダメなの。わかるかい？

人が暴走《ぼうそう》するのは、我慢に我慢を重ねた結果です。

お湯を沸《わ》かすときでもさ、じわじわ温度が上がって、100度になったらドカンと沸騰《ふっとう》するでしょ？　でも、沸騰する前にお水を足せば勢いが衰《おとろ》えます。早めにちょこちょこ足し水をすれば、沸騰を防げるよね。

人の心もそれと同じで、限界に達したときに、暴力や自傷《じしょう》行為、それから自殺みたいな形で暴走しちゃうんです。

だから、**できるだけ早くガスを抜かなきゃいけない。それができれば子どもだって暴走することはないし、反抗期は、時期がくれば自然と落ち着きます。**

はなゑちゃんの講演会なんかだと、わざわざ「クソババァ（クソジジィ）！」とか叫ぶワークがあるんです（笑）。

大声で叫びまくると、スッキリしてすごく気持ちいいし、みんな顔が全然違ってくる。だから、大人たちがお金を払ってでも叫びに来るんだよね（笑）。

大人だってストレスをためると苦しいのに、子どもにそれを強《し》いるなんてとんでもない話なんです。

それとね、子どもの反抗期は、「この家では心おきなく発散させてくれる」っていう安心感があってこそ。ある種、親への甘えであり、可愛いもんなの。

そう思って、本人の気が済むまで甘えさせてあげたらいいよ。

この世に出来の悪い子どもなんていません

一般的な「いい子」ってね、一人さんに言わせると、全然いい子じゃないんです。だって世間の「いい子」のイメージって、親の言うことをよく聞いて、周りの期待に応《こた》える子でしょ？

そんなの、大人に押さえつけられたかわいそうな子だよ。親にとって都合《つごう》がいいだけです。

そしてそういう子は、必ずなにかしら我慢しています。そう思った方がいい。

我慢してなきゃ、親の言うことばかり聞けるはずがないからね。

少しも反抗的な態度を出さないのは、その子がおとなしい性格だからじゃないよ。大人の顔色をうかがって、言いたいことを我慢しているだけなんです。

だけどさっきも言ったように、子どもに我慢ばかりさせていると、いつか爆発する。

大人だって、人の言いなりになってばかりは嫌でしょ？　子どもは大人よりもはるかに純粋で繊細《せんさい》だから、さらに大きなストレスを感じるんだよ。

いつまでも都合のいい子なんかやってられるか、いい加減にしろって爆発するのは当たり前なの。

それに、言いたいことも口に出せないまま大人になると、そっちの方が悲劇だよ。

会社でいいようにこき使われたり、社会に出てもイジメに遭《あ》ったり、選んだ旦那《だんな》（奥さん）が最悪で苦労したり。とにかく、人間関係で割を食うようなことばかり起きる。

それでもおかしいことをおかしいと言えず、言いたいことを飲み込み続けた結果、心や体が壊《こわ》れちゃうんです。そうなってからでは遅いの。

なのに大人は、「大人にとって都合のいい子」を出来のいい子だと誉《ほ》めそやす。子どもにそこまで我慢させておいて、出来がいいも悪いもないよね。

というか、そもそも**子どもはみんな完璧《かんぺき》だし、出来の悪い子なんていません。もし出来の悪い子がいるとしたら、それは親であるあなたの見る目に問題があるだ**け。出来が悪いのは、むしろあなただよ（笑）。

子どもは、自由にさせていれば道を踏み外さないようになっています。

言いたいことが言える、幸せな大人になるのが自然の道理なの。愛のある家族や仲間に囲まれて、人間関係に悩むこともありません。

人生を間違うのは、親や先生が口うるさく縛《しば》りつけるからなんだよね。

みんなが思っていることと、宇宙のルールは真逆《まぎゃく》なの。

で、ここまで言ってもまだ子どもを思い通りにしようとしているんだとしたら、あなたは本当に嫌な親だよ。それこそ、出来が悪すぎる。

ということをよく認識して、子どもになにかを求めるより、自分がまず愛を出すことに集中しな。じゃなきゃ、子どもも家庭も壊れちゃうよ。

家族はね、遠慮なしに喧嘩し合える方がいい。圧力なんていりません。

ただ、親だって人間です。子どもの暴言に腹が立って、笑って聞き流せないときもあるだろう。

そういうときは、親も遠慮なくやり返せばいいんです。「生意気《なまいき》なこと言ってんじゃないよ、このクソガキ！」とかさ（笑）。

あなたがいつも笑顔の明るい親なら、これぐらいの反撃をしたって、子どもは傷つかないよ。安心して、仲良く喧嘩してください（笑）。

営業が苦手《にがて》な人に営業をすすめるワケ

一人さんって、昔からよく「手相《てそう》を見てください」と頼まれるんです。なぜ手相を見て欲しいのか聞くと、自分に合う職業を教えてほしいって言うわけ。

そうすると、私はだいたい「営業に向いてるね」って伝えるの。でも、多くの人は「営業は苦手なので、それ以外の仕事を教えてください」って言うんです。

あのね、営業が苦手な人ほど、実は営業ってすごく向いてるよ。

なぜかと言うと、営業の仕事で結果を出そうと思ったら、暗くしてちゃダメでしょ？

笑顔で明るい言葉を使わないと、どんなに素晴らしい商品でも売れません。暗い言葉ばかり口にしながら、営業成績が上がるわけないよね。

特に、同じような商品をよそで売ってる場合は、お客さんから「あなたから買いたい」と思われるようじゃなきゃいけない。

そしたら、感じよくするしかないじゃない。愛を出して、お客さんから選んでもらえる自分にならないといけないよね。

どんな仕事でも笑顔は必要だと思うけど、営業は特に、笑顔と明るい言葉がモノを言う世界なんです。

営業が苦手な人の問題点はなにかと言うと、笑顔や明るい言葉がうまくできない点にあるんだよ。それができる人なら、営業は得意なはずでしょ?

だとしたら、営業の仕事はすごくオススメなの。お客さんの前では否《いや》が応《おう》でも笑顔になるし、明るい言葉を選んで使うからね。

最初は大変かもしれない。けど慣《な》れてくれば、波動がバチっと変わっちゃうんだよ。

いままで薄暗い波動だった人でも、太陽みたいな波動になる。そうやって自分が変われば、周りだって変わるよ。

愛のある人はどんどん成績を上げて出世もするだろうし、それが収入アップにもつながる。

たった1つ、愛を思い出すだけで人生が大違いになっちゃうんだ。


弱いからこそ、強くなるためにあえて苦手《にがて》な分野に挑戦する。正反対のことをするのが、いちばん早いんだよね。


笑顔が苦手なら、笑顔なしには成り立たない世界で働いてみるのがいちばんなの。

といっても、無理に営業の仕事を勧めるわけじゃなくて。

自分を変えたいんだとしたら、それぐらいの気持ちを持ってみなって話なんです。

人はね、失敗から学ぶしかありません。

人生がうまくいかないのは、自分の顔に笑顔がないとか、暗い言葉ばかり口に出してるとか、愛がないのが原因なんだよね。だったら、それを変えるしかないじゃない。

でね、笑顔になるって筋肉の問題なの。

それも自分の顔の筋肉を動かせばいいだけで、人の筋肉を動かすとか、人を笑わせなきゃいけないとか、そういう難しい話じゃないんです。

おなかがすいたら、食べるものを買いに行くよね。そしたら、足を動かして移動しなきゃどうしようもない。

笑顔もその程度のことで、自分の顔の筋肉を動かせばいいだけなの。

こんな簡単なことを、大変だなんて言ってやらないんじゃや、人生は変わらないよ。

なぜか目立ちたがり屋が成功する

これは一人さんがいままで生きてきたなかで感じたことだけど、商売でも人生でも、あんまり地味《じみ》にしているとうまくいかないんです。

なぜか、**目立ちたがり屋の方が成功する**ようになっている。

日本では昔から、つましく生活するのがよしとされてきたから、華《はな》やかなのに抵抗がある人もいるかもしれません。

だけど、頭がボサボサでボロを着たような人と、おしゃれで肌つやのいい人とでは、やっぱりなにをしても成果が違ってきちゃうんだよ。

なぜかと言うと、ボロを着ている人と、きれいにしている人とでは、同じことを言っても説得力が違うからです。


きれいな人には、みんな好感を持つでしょ？　だからこちらに興味《きようみ》を持ってくれて、話もよく聞いてくれます。そうすると、言いたいことがよく伝わるの。

それを、「人間は中身で勝負だ」とかってボロばかり着てると、相手は中身を見るどころか、まず近寄ってきてくれない（笑）。

仮に話を聞いてくれたとしても、相手になかなか興味を持ってもらえないんだよ。

あなただってさ、ボロを着てる店員さんに「これを使うときれいになりますよ」と

か言われたって、全然納得《なっとく》できないでしょ？（笑）

わかりやすく「目立ちたがり屋」と表現したけど、ようは押し出しなの。顔のつや、キラキラのアクセサリー、華やかな装《よそお》いはハクみたいなもので、そういうのがあった方が成功しやすいんです。

シンデレラだってさ、家のなかで家政婦みたいな扱いを受けてたわけだけど、ずっとあのままでいたら、残念ながら王子さまに見初《みそ》められることはなかっただろうね。きれいなドレスやアクセサリーで着飾ったからこその幸運なの。

人気の料亭やレストランにしても、料理はもちろん、お店のインテリアから食器から、インターネットのホームページまで全部素敵《すてき》でしょ？　センスがよくて華やかだよね。

店の入り口とか店内も、人間で言えば顔と同じ。きっと、そういうお店はピカピカに掃除《そうじ》が行き届いて、輝いていると思います。

という意味では、やっぱり地味にしてちゃダメなんだよね。

なんでも同じ。**地味波動じゃうまくいきません。**

笑顔で明るい言葉を使い、顔につやを出し、きれいにしてみな。一気にハクがついて、あなたの魅力《みりょく》を底上げしてくれるからね。

あなたが嫌々《いやいや》つくるより買ってきた弁当の方がうまい

家事が苦手《にがて》な人がひとりで暮らすと、部屋が散らかって無法地帯になるとか(笑)、美味《おい》しいものがつくれない、栄養バランスが悪くなるとかって言うんだよね。

そのせいで心が疲弊《ひへい》して、孤独感が増すという人もいる。

でも、**家事ができないから孤独になるってことはない。**

孤独をもたらすのは、どこまでいってもあなたの思いに原因があるんです。

あなたは笑顔でいますか？

明るい言葉を使っているかい？

自信を持って、愛を出していると言えるだろうか？

それができていないのを棚に上げて、家事が苦手で孤独だから、誰か結婚してほしいって。

あのね、結婚相手はお手伝いさんじゃないよ。それは相手に失礼です。


掃除が行き届いた家に住んでいる人でも、孤独な人はいます。

料理が得意でも、行き場のない寂しさを抱えながら生きている人はいる。

ホテルみたいなきれいな部屋に住みながら、鬱《うつ》になっちゃう人だっているんだよね。

だからって、部屋を汚《きたな》くしてていいという話じゃないんです。

汚い部屋にいるより、きれいな方が心も軽くなると思うから、きれいに越したことはありません。

でもね、いくら部屋がきれいでも、心にゴミが溜《た》まったままじゃしょうがない。

住む家を整えるのも必要だけど、それ以上に大事なのは、あなたの思いを変えることなんです。

笑顔で明るい人は、どんな家に住んでいても、なにを食べていても、いつも満たされていて幸せなの。

自分がまず幸せなら、それこそ少しぐらい部屋が散らかっていようが、ほか弁やコンビニ弁当ばかり食べようが、そんなことは少しも苦にならない。

愛のある人は、いつだって幸せ。

で、こういう人は成功して収入も増えるから、苦手な家事は専門家に任せることができて、結果的に快適な暮らしが叶《かな》えられるんだよ。

というか、いまの時代、スーパーなどで売ってるお惣菜《そうざい》だってうまいし、栄養バランスを考えたお弁当なんかもある。しかも、安い。

物価が値上がりして大変だって言うけど、いまだに500~600円で、いろんなおかずが入ったおいしいお弁当が買えるのは、日本ぐらいなものじゃないかな。

外食にしても、たいていのお店は味もいいし、価格帯もいろいろあって、自分の好みや気分、それから懐具合《ふところぐあい》に合わせて自由に選べます。


自分で一品ずつ料理しようと思ったら、大変な手間《てま》なの。材料費だって高くつく。

それを思えば、お弁当や外食に困らないって、すごく便利でありがたいよね。

第一、あなたが嫌々つくる波動の低い料理より、買ってきたお弁当とか外食の方がよっぽどいい波動だろうし、味だって上なんじゃないかな（笑）。

ひとりで食事をするのだって、別にわびしいことではありません。

わびしいのは、それを孤独と結び付けているあなたの心なの。

そう思って、愛を出すことだよ。

イマイチな容姿《ようし》だって最高の味わいになる

人にはそれぞれ、個性というものがあります。で、人と違う容姿や、ちょっと風変わりな気質《きしつ》を持つ人は、それをネガティブに捉《とら》え、孤独感を抱いてしまうことがある。

それでまず個性についてお伝えすると、個性というのは、人に好かれてはじめて個性と言えるんだよね。

人に好かれないのは個性じゃなくて、「我《が》」なの。アクと言ってもいいんだけど。

じゃあ周りから容姿を好きになってもらえない人は、その容姿も個性とは言えないんですかって、そうじゃないの。

容姿というのは、その人の内面によっていくらでも印象《いんしょう》が変わるものなんです。

たとえば、俳優さんとかタレントさんなんかでも、失礼ながら、顔だけ見ると「ちょっと……」みたいな人がいます。

ところが、演技をさせるとピカイチとか、笑顔が抜群《ばつぐん》にいいとか、話が最高に面白いとかってなると、イマイチな見た目なんかまったく気にならなくなる。

それどころか、「あの顔立ちが、なんとも味わい深くて素敵《すてき》だね～」っていう、高評価につながったりするわけ。

これがまさに、オンリーワンの魅力なの。

代わりのいない、唯一無二《ゆいいつむに》の存在となって大成功するんです。

そういう個性派の芸能人が、昔の話を語ったりすると、なるほどなぁってことが多いんです。子どもの頃、容姿のことでイジメに遭《あ》ってつらかったけど、演技の道に入って人生が変わったとかさ。

自分が自分らしく輝ける場所を見つけたことで、愛が出たんだよね。愛の波動が、でっかくなった。

だからもう誰にもいじめられないし、周りに愛のある人がどんどん集まってきて、チャンスもいっぱいもらえる。

自分が愛を出すと、愛が連鎖《れんさ》する最高の人生になるんだよ。

その反対に、どんなに整《ととの》った顔立ちの人でも、愛がなければ人生は輝きません。

自分のことも好きになれないし、人にも好いてもらえないんだ。


奇抜《きばつ》なファッションが好きだとか、怪奇現象《かいきげんしょう》の研究が趣味だとか（笑）、ちょっと風変わりな個性やなんかも、それを自分がどう思うかなの。

人と違うことに興味《きょうみ》があるからって、あなたという人間の価値を下げることにはならないんです。

愛で磨《みが》きをかけた個性なら、それは最高の魅力になる。

それに愛のある人は神様にも応援してもらえるから、自分の個性を活《い》かすためのアイデアなんかも次々出てきて、SNSやYouTubeですごい人気が出たりすることもあるんじゃないかな。もちろん、楽しい仲間だってたくさんできるだろう。

で、もしそういうあなたに嫌味《いやみ》を言ってくる嫌なやつが出てきても、いっさい付き合わなきゃいい。そういう人とはすぐに離れるべきだし、うんと嫌なやつだったら、うんと遠くまで離れな。

人付き合いに悩みがちな人ってね、自分で人間関係を難しくしているんです。

大人なんだから、嫌な相手とも我慢して付き合わなきゃいけない。そんな思い違いをしていて、嫌な相手との距離の取り方を誤ることで余計《よけい》にこじれる。

嫌なやつとは、距離を置かなきゃダメなんです。それと、なんとなくウマが合わないなぁと感じる相手からも、そっと離れた方がいい。

けっきょくのところ、ウマが合わないのは、あなたに縁《えん》のない人だからね。縁を深めない方がいい相手っているんです。

好きな人間とはくっつき、合わない相手からは離れる。

それが、人間関係に悩まないための鉄則なんだ。

ペットが無償《むしょう》の愛を教えてくれるよ

一人さんの会社には、昔から猫がいます。もともとノラ猫だったのがうちに来て、一人さんもみんなも猫が好きで餌《えさ》をあげているうち、そのままうちの子になっちゃった猫ばかりなんだけど。

でね、これは猫に限った話じゃないんだけど、もしあなたが動物好きでちゃんとお世話ができる状況なら、ペットを飼《か》うことをおススメします。

特に**孤独な人は、ペットからすごい愛がもらえる**んです。

犬でも猫でも、甘えてすり寄ってきたり、こちらがちょっとトイレに行くだけでもついてきたり、寝るときまで一緒にいようとするでしょ？

あんなに可愛い存在はいないよね。

それから、飼い主が偏屈《へんくつ》だろうが暗かろうが、動物はなにも言いません。

飼い主がどんなにブスっとしてても、「そういう顔は嫌いです」「あなたと一緒にいたくありません」なんて言わないでしょ？（笑）

人間の場合は、そうはいかないよ。不機嫌《ふきげん》な顔をしていれば周りから嫌われるし、孤独にもなる。

と思うと、動物って本当に健気《けなげ》だよね。

人間みたく計算しないし、見返りも求めない。いつも飼い主のことを好きでいてくれて、無償《むしょう》の愛をくれるんだ。

そんなペットがそばにいると、自然とこちらも無償の愛を返したくなります。それでペットに愛を注《そそ》いでいると、なんとも言えない幸福感で満たされるの。

なぜ幸せでいっぱいになるのかと言うと、**無償の愛は、私たちの魂が求めていることだから**です。

私たちは、神様から命をもらった愛と光の存在です。

神様の無償の愛から生まれた存在だから、あなたの心に無償の愛が湧《わ》くと、それに共鳴《きょうめい》して魂がすっごく喜ぶんだよね。

神様の愛って、すごいの。

この宇宙のすべてをつくりながら、それを好きに使っている人間に1円も請求しないんです。人間が地球上にあるものを勝手に取ってお金儲《かねもう》けをしても、手数料だの材料費だのって言わない（笑）。


しかも神様は、この世界が進化し続けるようにつくってくれています。そしてその過程《かてい》では、たくさんの学びが得られるようになっている。

私たちの魂を永続的に成長させ、よりよい世界を自分たちでつくっていけるよう、あらゆる知恵も授《さず》けてくれる。もちろん、それもタダです。

この宇宙にひたすら無償の愛を注ぎ続けてくれているのが、神様なんだよ。

そしてそんな神の愛でできている私たちだから、なにかに無償の愛を注ぐことは最高の幸せになる。

ペットを愛《め》でているようで、自分の愛に、自分自身がいちばん癒《いや》されるんだね。

一人さんが思うに、**無償の愛を出しているときって、天国にいる魂に近い感覚なのかもしれないね。**

鬱《うつ》で生きる気力もなくしてしまった人とか、認知症《にんちしょう》で怒りっぽくなったお年寄りなんかがペットと触れ合うと、心が穏《おだ》やかになったり、病気がよくなったりするケースもたくさんあるらしいんです。

そんなことから考えても、ほかでは得がたい癒し効果をくれるのがペットであり、すごく尊《とうと》い存在だなぁと思っています。

ちなみに……ペットを飼っていると、飼い主は、猫なで声で「○○ちゃ〜ん」なんてペットに呼びかけることがあると思うんだけど（笑）。

それを人間にもやってみたらいいよ（笑）。きっとあなたのイメージが変わって、みんなに好かれるんじゃないかな。

1つの答えですべて解決する。それが神ごと

人生におけるあらゆる問題は、愛を出すことで解決します。

笑顔で明るい言葉を使いながら間違うことはないし、孤独になることもない。お金の悩み、仕事のトラブル、家族のいざこざ、パートナーの浮気……**あらゆる問題の解決方法はすべて愛に集約されます。**

みんなには、私がいろんな話を幅広くしているように見えるかもしれません。

でもね、本当に伝えたいことはたった1つなんです。一人さんは、昔からずっと同じことだけを言い続けている。

それが、愛なんだ。

問題がいくつあろうが、その内容がどれだけ複雑に見えようが、いつだって答えは1つしかない。この答えさえわかれば、誰のどんな悩みもたちまち解決します。

こういう、誰にでもできる簡単なことなのに、絶大な効果があるものを「神ごと」と言うんだよね。

たとえば人付き合いって、みんな難しいものだと思っているんです。

人はみんな考え方が違うし、好きなことも嫌いなことも、価値観も全部異なるから、1人ひとりの性格に合わせて付き合わなきゃいけない。だから人付き合いは大変だって言うんだよね。

確かに、そんなやり方では人間関係を煩《わずら》わしく感じるのは無理もない。

ハッキリ言って、1人ひとり付き合い方を変えるなんて不可能だよ。ところが、それをしなきゃいけないと思っている人がなんと多いことか。

だからみんな疲れちゃって、こんなことなら孤独な方がマシだってなる。

というか、人とうまく付き合おうとすること自体、人付き合いが下手《へた》な証拠《しょうこ》だよね(笑)。うまくやろうと努力するのは、下手を証明しているようなものなんです。

その点、一人さんの教えはただ1つ。

「愛を出しな」

これだけなんです。

人間関係が本当に良好な人ってね、いちいち細かいことは考えません。なんの苦労もなく、スッと上手《じょうず》にできちゃうんだよ。

ああでもない、こうでもないってこねくり回すからややこしい話になるのであって、愛を出しさえすれば、簡単にうまくいくの。

だって、愛があれば人の嫌がることなんてするはずがないし、いつも笑顔でしょ？そういう人は、特別なことなんかしなくたって周りから好かれるに決まっています。

愛を出すだけで、ものすごい効果がある。こんなに簡単なことはない。

この世で起きることは、簡単なことで全部うまくいくし、ここはそれぐらいシンプルでわかりやすい世界なんだよね。

だけど多くの人がその簡単な答えになかなか行き着けないのは、きっと、そこに大きな学びが隠されているのだろう。

愛は、神様が人間にもっとも学んでほしいと思っていることなんだね。

私たちが地球で体験する苦しいこと、つらい出来事は、どれも愛を学ぶために起きている。だからこそ、愛を学ぶだけで一気に解決しちゃうんだと思います。

あなたも、ただ愛を学べばいいよ。

愛というたった1つのことがわかるだけで、あなたの人生は最高に輝くからね。

COLUMN

一人さんの弟子《でし》になりたい？ もうなってるよ

最近、よく「一人さんの弟子になって、人生をもっと充実させたいです！」って言われるんです。どうすれば一人さんに弟子入りできますかって。

じゃあお答えしますが、あなたはすでに私の大切なお弟子さんですよ。

一人さんの本を読み、そしてあなたが「一人さんの弟子だ」という思いで学んでくれたら、もう立派なお弟子さんなんです。

会って直接教えてもらわなきゃ弟子じゃないと思うかもしれないけど、会って話すことは、本のなかに全部書いています。

本を読んでもらえば、それでじゅうぶんなの。

というか、一人さんはふだんジョークばかり言ってて、真面目な話は滅多《めった》にしません（笑）。だからもし私に会えたとしても、雑談ばっかりになっちゃうと思うよ。

本に書いていることの、100分の1も伝えられないかもしれない（笑）。

そういうわけだから、学びたい人は、私の本を読んでもらうのがいちばんなんです。

あと、ありがたいことに「来世《らいせ》も、再来世《さらいせ》も、ずっと一人さんと同じ世界で生きたいです。どうすれば叶《かな》えられますか？」なんて言ってくれるやさしい人もいて。

だけど残念ながらそういうのは神の領域《りょういき》で、一人さんがどうにかできることじゃない（笑）。あなたがそれを望むのなら、神様に頼んでもらうしかないんです。

ただ、それでもなにかアドバイスできることがあるとしたら――一人さんと近い感覚を持ってもらうというか、同じ波動になれば、次もまた近くに生まれることができるかもしれないね。

そしてそれには、凝《こ》り固まった観念を捨てなきゃいけない。

愛を爆発させながら、ふとどき不埒《ふらち》に、思いきり不真面目に生きることが絶対条件ですよ（笑）。

おわりに

楽しいから笑顔になるんじゃない。
幸せだから、明るい言葉を使うわけじゃない。

笑顔でいるから楽しくなるし、
明るい言葉を使うからこそ幸せなことが起きてくる。

太陽の光は、虫眼鏡《むしめがね》で集めたら火だって起こせます。
それと同じで、愛を一点集中すれば、どんな人生も華やかに燃え盛るよ。

愛のある顔で、愛のある言葉を喋《しゃべ》るんだよ。

たったそれだけで、孤独と無縁の楽しい人生になるからね。

さいとうひとり

雄大な北の大地で「ひとりさん観音」に出会えます

北海道河東郡上士幌町上士幌

ひとりさん観音《かんのん》

柴村恵美子さん（斎藤一人さんの弟子）が、生まれ故郷である北海道・上士幌町《かみしほろちょう》の丘に建立《こんりゅう》した、一人さんそっくりの美しい観音様。夜になると、一人さんが寄付した照明で観音様がオレンジ色にライトアップされ、昼間とはまた違った幻想的な姿になります。

記念碑

ひとりさん観音の建立から23年目に、白光の剣（※）とともに建立された「大丈夫」記念碑。一人さんの愛の波動が込められており、訪れる人の心を軽くしてくれます。

（※）千葉県香取市にある「香取神宮」の御祭神・経津主大神《ふつぬしのおおかみ》の剣。闇を払い、明るい未来を切り開く剣とされている。

「ひとりさん観音」にお参りをすると、願い事が叶うと評判です。
そのときのあなたに必要な、一人さんのメッセージカードも引けますよ。

そのほかの一人さんスポット

ついてる鳥居：最上三十三観音 第2番 山寺（宝珠山 千手院）

山形県山形市大字山寺4753　電話：023-695-2845

一人さんが
すばらしい波動を
入れてくださった絵が、
宮城県の
定義山西方寺《じょうぎさんさいほうじ》に
飾られています。

宮城県仙台市青葉区大倉字上下1
Kids' Space 龍の間

**勢至菩薩《せいしぼさつ》様は
みっちゃん先生の
イメージ**

聡明に物事を判断し、冷静に考える力、智慧と優しさのイメージです。寄り添う龍は、「緑龍」になります。地球に根を張る樹木のように、その地を守り、成長、発展を手助けしてくれる龍のイメージで描かれています。

**阿弥陀如来《あみだにょらい》様は
一人さんの
イメージ**

海のようにすべてを受け入れる深い愛と、すべてを浄化して癒すというイメージです。また、阿弥陀様は海を渡られて来たということでこのような絵になりました。寄り添う龍は、豊かさを運んでくださる「八大龍王様」です。

**観音菩薩《かんのんぼさつ》様は
はなゑさんの
イメージ**

慈悲深く力強くもある優しい愛で人々を救ってくださるイメージです。寄り添う龍は、あふれる愛と生きる力強さ、エネルギーのある「桃龍」になります。愛を与える力、誕生、感謝の心を運んでくれる龍です。

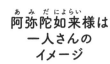

斎藤一人さんとお弟子さんなどのウェブ

斎藤一人さんオフィシャルブログ

https://ameblo.jp/saitou-hitori-official/

一人さんが毎日あなたのために、ツイてる言葉を、日替わりで載せてくれています。ぜひ、遊びにきてくださいね。

斎藤一人さん Twitter

https://twitter.com/O4Wr8uAizHerEWj

上のＵＲＬからアクセスできます。
ぜひフォローしてください。

舛岡はなゑさんの公式ホームページ	https://masuokahanae.com/
YouTube	https://www.youtube.com/c/ますおかはなゑ4900
インスタグラム	https://www.instagram.com/masuoka_hanae/
柴村恵美子さんのブログ	https://ameblo.jp/tuiteru-emiko/
ホームページ	https://emikoshibamura.ai/
みっちゃん先生のブログ	https://ameblo.jp/genbu-m4900/
インスタグラム	https://www.instagram.com/mitsuchiyan_4900/?hl=ja
宮本真由美さんのブログ	https://ameblo.jp/mm4900/
千葉純一さんのブログ	https://ameblo.jp/chiba4900/
遠藤忠夫さんのブログ	https://ameblo.jp/ukon-azuki/
宇野信行さんのブログ	https://ameblo.jp/nobuyuki4499/
尾形幸弘さんのブログ	https://ameblo.jp/mukarayu-ogata/
鈴木達矢さんの YouTube	https://www.youtube.com/channel/UClhvQ3nqqDsXYsOcKfYRvKw

〈著者略歴〉
斎藤一人（さいとう　ひとり）
実業家。「銀座まるかん」（日本漢方研究所）の創設者。1993年から納税額12年連続ベスト10入りという日本新記録を打ち立て、累計納税額に関しては2006年に公示が廃止になるまでに、前人未到の合計173億円を納める。また、著作家としても「心の楽しさと経済的豊かさを両立させる」ための著書を何冊も出版している。
主な著書に『斎藤一人　人は考え方が９割！』『強運』『知らないと損する不思議な話』『人生に成功したい人が読む本』『絶対、よくなる！』『「気前よく」の奇跡』『斎藤一人 楽しんだ人だけが成功する』（以上、ＰＨＰ研究所）がある。

斎藤一人　今はひとりでも、絶対だいじょうぶ

2023年６月26日　第１版第１刷発行

著　　者　斎藤一人
発 行 者　永田貴之
発 行 所　株式会社ＰＨＰ研究所

東京本部　〒135-8137　江東区豊洲5-6-52
　ビジネス・教養出版部　☎03-3520-9619（編集）
　普及部　☎03-3520-9630（販売）
京都本部　〒601-8411　京都市南区西九条北ノ内町11

PHP INTERFACE　https://www.php.co.jp/

組　　版　株式会社PHPエディターズ・グループ
印 刷 所
製 本 所　図書印刷株式会社

ISBN978-4-569-85494-6

ＰＨＰの本

斎藤一人　常識をぶち破れ

斎藤一人　著

らくらく成功したいなら、軽く生きればいい！幸せになりたい時、生きるのがつらい時、読むだけでパッと道が開ける楽しい考え方。

定価　本体一、四〇〇円（税別）

PHPの本

斎藤一人　成功は愛が9割！

斎藤一人／柴村恵美子　共著

本当の自分を生きたいという人からの相談に、一人さんが史上最高の答えを出しました！「成功脳」を身につけ、豊かな道へ進む考え方！

定価　本体一、四〇〇円（税別）

PHP文庫

斎藤一人　楽しんだ人だけが成功する

斎藤一人　著

常に人生を楽しみ、明るい思いで満たされている人ほど、運は強くなる。当代きっての実業家が、何があっても成功する生き方を伝授。